ひと目でわかる

発達

渡辺弥生
西野泰代
編著

誕生から高齢期までの
生涯発達心理学

福村出版

まえがき

　人はどのようにして生まれ、どんな人生を送り、いかに死を迎えるのでしょうか。これだけ科学が進歩し、多くの知見が明らかにされてきた現在でもなお未知なことが多い「命」の営みは、神秘で、不思議なことに満ち、探究するにふさわしい対象です。

　人生90年時代と言われていますが、内閣府の統計を見ると1950年の平均寿命は、女性が61.5歳、男性が58歳でした。この70年ほどの間に、寿命が20年以上も延びたことになります。こうした変化は、私たちの「心」の発達に、果たしてどのような変化をもたらしているのでしょうか。

　一方で、寿命は長くなっても、小学校、中学校などの義務教育の期間は延ばされているわけではありませんが、こうした発達と教育にはどのような関連があるのでしょう。そもそも、かつて明らかにされていた発達心理学の知見は、果たして今の時代にも当てはまるのでしょうか。

　こうした点から、心の発達について新たに問い直すことが必要な時期に来ているとも言えます。長く生きるようになった分だけ、人生のいろいろな過程で戸惑うことも多くなっていると考えられます。戸惑いがあっても、人がその「葛藤」を抱えられる場合には、健やかな発達と考えられます。

　しかし、葛藤を抱えられない、葛藤から逃げるだけでは、本来の自己実現や社会に適応することが難しくなる場合が少なくありません。その意味で、発達心理学は、葛藤を抱えるだけでなく、むしろ解決し、前向きに生きることに背中を押してくれる学問であると言えます。

　この本は、こうした日々誰もが抱える問いに答えられるような、すなわち、机上の学問ではなく、よりよく生きるために必要な実践知を網羅しています。「自分とは何か」「他人とうまくかかわるためにどうすればよいか」「自分に合った

キャリアを持てるのか」「結婚や子育てはどうすればよいのか」「老いをどのように受け止めるか」、といった日常抱えるさまざまな問いに回答できる知見の宝庫であり、多様に役立てることができます。

　人生における心の変化を胎児期、乳児期、幼児期、児童期、青年期、成人期、高齢期など各発達時期に区切って、それぞれの時期の特徴についてわかりやすく説明しています。同時に、社会性、感情、自己概念、キャリアなど各発達の領域が、多視点となる切り口から明らかになるような章立てをしています。

　この本の元となった『図で理解する発達』は 2010 年に刊行されて以降、テキストとして広く使われてきました。それは、次の 5 つの特徴があるからです。(1) 最新の研究を紹介、(2) 図表を多く盛り込み視覚的に理解しやすい構成、(3) 14 回から 15 回の授業回数に対応させ、シラバスに必要なねらい、予習や復習の内容を提案、(4) 専門用語や索引の充実、(5) 写真や資料など発達に興味を持てる材料の紹介、です。本書ではそれらの特徴を引き継ぎながら、さらに身近な話題を提供し、理解を深められるようなコラムを加えました。

　したがって、大学生の皆さんだけではなく、さまざまな層の方々の教養としても役立つ本に仕上がっています。これは、新進気鋭の執筆者の方々の協力を得ることができたことや、福村出版の皆様のおかげです。深謝いたします。

　この本が、生きていくことに勇気を持たせ、ワクワク感を持たせ、少なからず悩みを解決し、たくさんの人たちの支援の一助になることを、心より願っています。

　2020 年 2 月

渡辺弥生・西野泰代

目　次

本書の使い方

この本には、「発達」を学習するための6つのポイントがある。

1）各ページに豊富な図表を掲載 ―― 発達についての新しい知見をできるだけわかりやすく説明するために、図・表・イラスト・写真が使われており、発達への興味関心を喚起する。

2）術語や専門用語の説明 ―― 本文中に示された術語・専門用語について、欄外で簡潔に定義することによって、学習しやすくしてある。

3）「生涯発達心理学」の視点 ―― 生涯発達心理学を意識しながら、「認知」「社会性」などのテーマについて発達段階ごとの切り口で捉え、各発達段階の特徴を浮き彫りにした。

4）「授業のねらい」と「課題」 ―― 各章の最初に「授業のねらい」を設け、各章に掲げられたトピックが発達の中でどのような意味を持つかを簡潔に説明した。また、「予習課題」と「復習課題」を提示することで、授業時間外の学習に役立つようにしてある。

5）コラムの挿入 ―― 本書で取り上げた発達心理学のトピックについて、身近な話題に結びつけながら学習者の興味関心を高め、理解を深められるよう、「発達と科学技術の光と影」「発達と教育」という視点で5つのコラムを挿入した。

6）14章の章立て ―― 発達の各領域を網羅しながら、全体を14章で構成した。これは、大学教員が「シラバスの作成」に際して、1回の授業に各章を割り当て、オリエンテーションやまとめを含めて15回の授業を行うのに合わせて作られている。

1章

発達心理学とは？

生涯発達の視点から

　「発達心理学」という学問に対して、どのようなイメージを持っているだろうか？　乳児期から青年期までの子どもだけをイメージする人が多いかもしれないが、実は、成人になってからも、死を迎えるまで人間は成長、変化していくものである。本章では、この「生涯発達」の意味を理解し、発達心理学の基本的な考えや研究方法について学ぶことを目的とする。授業を通じて、生涯発達の観点から人間の発達を学ぶことの重要性を理解し、自分の身に引きつけて考えを深めることがねらいとなる。

> **予習課題** 自分の性格は生まれつきのものだと思うか、それともこれまでの経験によるものだと思うかについて考えてみましょう。また、発達心理学を学ぶとどんなことに役立つと思うか、考えをまとめましょう。
>
> **復習課題** 自分の興味や関心に基づいて、発達心理学のテーマとして扱えそうなトピックを考えてみましょう。

1 発達心理学ってどんな学問？

表 1-1　生涯発達心理学を特徴づける理論的観点 (Baltes, 1987；東ら, 1993 の翻訳をもとに作成)

概　念	各観点の内容
生涯発達	個体の発達は生涯にわたる過程である。発達の性質を規定する上で、特定の年齢が特別に大切であるということはない。発達の全過程を通じて、また生涯のあらゆる段階において、連続的（蓄積的）な過程と不連続（革新的）な過程の両方が機能している。
多方向性	個体の発達を構成する変化の多方向性は、同一の領域内においてすら見出される。変化の方向は行動のカテゴリーによってさまざまである。さらに同じ期間の中で、ある行動システムでは機能のレベルが向上する一方で、別の行動システムでは低下する。
獲得と喪失としての発達	発達の過程は、量的増大としての成長といった、単に有効性が高まる過程ではない。むしろ発達は、全生涯を通じて常に獲得（成長）と喪失（衰退）とが結びついて起こる過程である。
可塑性	個人内での大きな可塑性（可変性）が心理学的発達において見出されている。したがって個人の生活と経験とによって、その個人の発達の道筋はさまざまな形態をとりうる。発達研究の重要なポイントは、可塑性の範囲とそれを制約するものを追究することである。
発達が歴史に埋め込まれていること	個体の発達は、歴史的文化的な条件によってきわめて多様でありうる。いかにして個体の（年齢に関係した）発達が進むかということは、その歴史上の期間に存在している社会文化的条件と、その条件がその後いかに推移するかによって著しく影響される。
パラダイムとしての文脈主義	個々の発達のどの特定の道筋も、発達的要因の 3 つのシステムの間の相互作用（弁証法）の結果として理解することができる。3 つの要因とは、年齢にともなうもの、歴史にともなうもの、そしてそのような規準のないものである。これらのシステムの働きは、文脈主義に結びついたメタ理論的な原理によって特徴づけられる。
学際的研究としての発達研究	心理学的発達は、人間の発達に関係する他の学問領域（たとえば人類学、生物学、社会学）によってもたらされる文脈の中で理解される必要がある。生涯発達の見方を学際的態度に対して開いておく理由は、「純粋主義的」な心理学的観点だけでは、受胎から死に至る行動発達のごく一部分しか描き出すことができないからである。

■1 生涯発達の視点

　発達心理学は子どもの成長に関する学問だと考えている人が多いかもしれない。子どもはどのようにことばを話すようになるのか。思いやりの気持ちはいかにして育つのか。もちろん、それらは発達心理学が扱う重要なテーマである。しかし、生涯発達の視点からは、胎児期から高齢期までの発達段階にあるすべての人が発達心理学の対象となる。たとえば、恋愛関係の変化、働くことを通じた知識や技能の向上、親としての成長などもすべて発達心理学のテーマになりうる。発達心理学は、このような生涯にわたる発達の視点を強調して「**生涯発達心理学**」とも言われる。そして発達心理学では、獲得の過程に加え、たとえば、老年期の体力や健康の衰えへの適応など停滞や喪失の過程についても扱う。また、形態などの外面的変化に加え、知能や感情など内面的変化も対象となる。

　生涯発達の視点の重要性を主張したバルテス (Baltes, P. B.) は、1987 年に生涯発達心理学を特徴づける 7 つの理論的観点を提案している（表 1-1）。

生涯発達心理学：人間が受精してから死に至るまでの間に生じる変化を明らかにしようとする学問。

表1-2 虐待のリスク要因と補償要因 (Kaufman & Zigler, 1989)

	個体発生的レベル	マイクロシステムレベル	エクソシステムレベル	マクロシステムレベル
リスク要因	・被虐待経験 ・低い自尊心 ・低いIQ ・不十分な対人的スキル	・夫婦間の不和 ・行動上の問題を持つ子ども ・未熟児もしくは健康でない子ども ・ひとり親 ・貧困	・失業 ・孤立：不十分なソーシャルサポート ・子どもの時の仲間関係の乏しさ	・体罰を受容する文化 ・子どもを所有物とみなすこと ・不景気
補償要因	・高いIQ ・過去の被虐待経験の自覚 ・親とのポジティブな関係性の歴史 ・特別な才能 ・身体的魅力 ・良好な対人的スキル	・健康な子ども ・支援的な配偶者 ・経済的安定／貯蓄	・良好なソーシャルサポート ・ストレスフルな出来事の少なさ ・強い、支援的な宗教 ・子どもの時のポジティブな学校経験と仲間関係 ・治療的介入	・地域で子どもをケアする文化 ・暴力に反対する文化 ・経済的繁栄

② 発達心理学の役割

　発達心理学の知識は、保育や教育、福祉、臨床、司法などのさまざまな領域で生かされる。たとえば、保育者や教員が子どもの発達過程を把握していることは、個々の子どもの状況や課題の理解につながる。発達上の困難を抱える子どもへの支援に役立つ。保護者からの相談に応じる際には保護者の抱える困難に配慮した対応が可能となる。さらに、発達心理学の知見は、現場で用いられる指導法やカリキュラム、国の政策にも示唆を与えている。また、現在はAI技術を用いた乳幼児の寝返りや保育者とのやりとりを測定するシステムの開発など、最先端技術を実践に生かすための研究も進んでいる。

　発達心理学の知見は、虐待、不登校、自殺、貧困などの問題にアプローチする上でも有用である。たとえば虐待は、保護者の被虐待経験、子どもの行動上の問題、ソーシャルサポートの不足などをはじめとするさまざまな要因が絡み合って生じる。これらの**リスク要因**の同定は、支援を必要とする家庭への早期介入を可能にし、虐待予防につながる（表1-2）。一方、**補償要因**を明らかにすることは具体的な支援の方法に示唆を与える。

リスク要因：問題の発生の可能性を高める要因のことである。

補償要因：問題の発生を防止する方向に働く要因のことである。

2 人は生涯発達し続ける

表 1-3 生涯発達の諸段階 (Zimbardo, 1980/1983 をもとに作成)

段階	年齢期間	主要な特徴	認知的段階 (ピアジェ)	心理性的段階 (フロイト)	心理社会的危機 (エリクソン)	道徳段階 (コールバーグ)
胎児期	受胎から誕生 まで	身体の発達				
乳児期	誕生（熟産） から約18ヵ 月まで	移動運動の確立 言語の未発達 社会的愛着	感覚運動期	口唇期 肛門期	基本的信頼 対 不信	前道徳期 (段階0)
児童期 前期	約18ヵ月から 約6歳まで	言語の確立 性役割の獲得 集団遊び 就学「レディネス」とともに 　この段階は終わる	前操作期	男根期 エディプス期	自律性 対 疑惑 自発性 対 罪悪感	服従と罰 (段階1) 互恵性 (段階2)
児童期 後期	約6歳から 約13歳まで	操作の速さを除いて、多くの 　認知過程が大人となってい 　く	具体的操作期	潜在期	勤勉性 対 劣等感	良い子 (段階3)
青年期	約13歳から 約20歳まで	思春期の始まり 成熟の終わり 最も高度のレベルの認知の達成 両親からの独立 性的関係	形式的操作期	性器期	アイデンティ ティ 対 ア イデンティ ティ拡散	法と秩序 (段階4)
若成年 期	約20歳から 約45歳まで	職業と家庭の発達			親密性 対 孤立	社会的契約 (段階5)
中年期	約45歳から 約65歳まで	職業が最高のレベルに達する 自己評価 「空っぽの巣」の危機 退職			生殖性 対 停滞	原理（段階6 または7、 いずれもま れに出現）
老年期	約65歳から 死まで	家庭や業績を楽しむ 依存性 配偶者に先立たれる 健康の弱さ			統合 対 絶望	
死	－	特別な意味をもった「段階」				

■1 発達段階

　発達は、連続的な量的変化として捉えることもできるが、非連続的な質的変化として捉えることもできる。非連続的変化として捉えた場合に、互いに区別される時期を発達段階と呼ぶ。

ピアジェ (Piaget,
J.)：1896-1980。
スイスの心理学
者。人間の認識
の起源を系統発
生と個体発生の
両面から考察し
ようとする発生
的認識論を提唱
した。5章2節
も参照。

　ここでは**ピアジェ** (Piaget, J.) と**エリクソン** (Erikson, E. H.) の発達段階を紹介する（表1-3）。ピアジェは、同化と調節を通してシェマ (Schema) が高次化する過程を説明し、認知発達を4つの段階に区分した。シェマとは外界を理解するための活動や知識の枠組みのこと、同化とは既存のシェマを使って外界を理解する働きのこと、調節とは新しい経験をした際に既存のシェマを修正して外界を理解する働きのことである（5章2節参照）。エリクソンは、生涯発達の視点から8つに区分される発達段階を

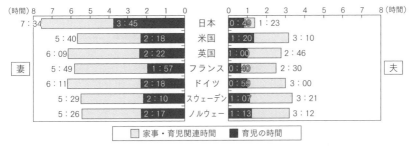

図 1-1　6歳未満の子どもを持つ夫婦の家事・育児関連時間 （内閣府, 2018）

提唱し、段階ごとに克服すべき心理社会的危機があると考えた。たとえば、第1段階である乳児期には、基本的信頼感を獲得し不信感を克服するという課題がある。基本的信頼感は身体的安全と精神的安定によってもたらされる。外界や自分自身に対する信頼感を持つことは心理的成長につながり、外界や自分自身への不信感を持つことは将来への不安につながる。

2 「親になる」ことによる発達

　成人期の発達の一つに、親になることによる発達がある。子育てにおいては、親が子どもを援助して子どもが発達するのと同時に、子どもの存在により親自身も発達していく。長い間、女性のみを対象に研究が行われていたが、近年では父親になることによる発達についての研究も行われている。

　柏木・若松 （1994） によれば、3～5歳の子どもを持つ親は、親になったことによって、柔軟さ、視野の広がり、生き甲斐といった多様な側面での人格的発達を実感している。このような実感は父親に比べて母親においての方が強い。さらに、父親の育児や家事への参加が、母親の否定的感情を軽減すること （柏木・若松, 1994） や、第2子以降の誕生を左右することがわかっている （厚生労働省, 2015）。子育ては母親の仕事という考えは薄まり、父親の育児参加への期待が高まってきているものの、図1-3にみるように、日本では欧米などの諸外国に比べ父親の育児や家事への参加が少ないことが課題である （内閣府, 2018）。

3 発達を捉える研究方法

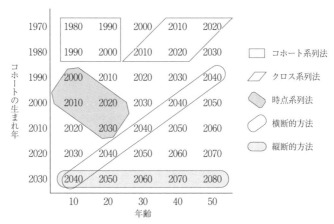

図1-2　コホート系列法、クロス系列法、時点系列法、横断的方法、縦断的方法
(Schaie, 1996 をもとに作成)

◢ 横断的方法と縦断的方法

　横断的方法とは、さまざまな年齢グループの人に１時点で調査をして発達的変化を調べる方法である。横断的方法の長所は短期的に手軽に実施できる点であり、短所は**コホート**の影響を受けることである。たとえば、横断的方法によって成人グループに比べ、高齢グループの人たちの知能が低いという結果が得られたとしても、この結果から加齢によって知能が低下すると結論づけるのは危険である。なぜなら２つのグループの人々の育った時代や環境の違いが知能に影響している可能性があるからである。

　縦断的方法とは、同じ人に追跡調査をして発達的変化を調べる方法である。縦断的方法の長所は、コホートの影響を受けないこと、発達に影響を与える要因や介入の手がかりを得られることである。縦断的方法の短所は、時間や労力、金銭的コストがかかることや、参加者の脱落である。縦断的方法では、あるコホートの結果を他のコホートにまで一般化して解釈できるかについて慎重に判断する必要がある。横断的方法と縦断的方法の欠点を克服する方法として考案されたのが**系列法**である（図1-2）。

コホート：特定の時代に生まれ、偶発的な出来事（例：震災、戦争）や社会変動（例：少子化、民主化）などの影響を共有する集団のこと。

系列法：複数のコホートに対して縦断的方法を行う方法（コホート系列法）、複数の時代に複数のコホートを対象に行う方法（クロス系列法）、異なる時代に横断的方法を行う方法（時点系列法）がある。

14

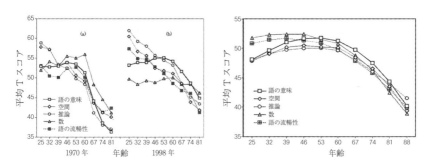

図 1-3　横断データ（左）、縦断データ（右）（それぞれ Schaie, 2010；Shcaie, 2005）

２ シアトル縦断研究

　Schaie（2005）は 7 年ごとに調査を行い、知能の変化について検討した。最初の調査には 20 代から 80 代までの 500 名が参加し、その次の調査から毎回 500 名以上の参加者が新たに加わった。この研究で得られたデータをまずは横断的に見てみよう（図 1-3）。1970 年と 1998 年のそれぞれで収集された横断データでは、推論、空間、語の流暢性といった知能が 25 歳でピークを迎えている。しかし、1970 年に収集されたデータに比べ 1998 年に収集されたデータでは多くの知能が全体として高いことから、知能にコホート差があることがうかがえる。データを縦断的に見ると、空間知能は 46 歳、推論知能は 53 歳、語の流暢性は 39 歳でピークを迎えている。つまり、これらの知能は、20 代以降に下降するわけではなく、中年期にかけて向上していくことがわかる。

　このように、データを横断的に見た場合と縦断的に見た場合では様相が大きく異なる場合がある。横断的に見た場合の結果は、純粋に加齢による知能の変化を捉えたものではなく、受けてきた教育や触れてきた情報の量などのコホートによる差の影響を大きく受けたものと考えられる。

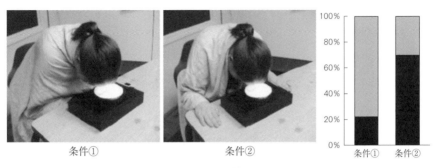

図 1-4　合理的模倣実験における大人の様子 (Gergely et al, 2002)
注：グラフの黒色は額を使ってボタンを押した人、灰色は手を使ってボタンを押した人の割合を表す。

1 実験法

実験法とは、ある操作をして結果がどう変化するかを検討する方法である。操作する条件などの変数を独立変数、操作によって変化する結果の変数を従属変数と呼ぶ。

たとえば、Gergely et al.（2002）は、2つの条件での14ヵ月児の模倣行動を調べた。図1-4のように、条件①では、毛布にくるまって両手を使用できない状態の大人が、額を使ってボタンを押して明かりをつけて見せた。条件②では、両手を使うことができる状態の大人が額を使ってボタンを押して明かりをつけて見せた。その結果、条件①を見た子どもの8割近くが手を使ってボタンを押した。明かりをつけるという目的を達成するための合理的な手段をとったと言える。一方、条件②を見た子どもの7割近くが額を使ってボタンを押した。あえて額を使った大人の様子に意味や合理性を読み取り、大人の行動をそのまま模倣したと考えられる。このような模倣のことを合理的模倣と言う。

実験法を用いることで因果関係を捉えることができるが、**生態学的妥当性**が問題になることもある。

生態学的妥当性（ecological validity）：研究条件が日常生活に類似している程度を示す。厳密な条件統制によって生態学的妥当性が低下すると、日常生活と乖離した知見が得られる可能性もある。

図 1-5　観察法による、子どもの生活の録画の様子（左）、設置されたビデオカメラとマイク（右）(Roy, 2011)

❷ 観察法

　観察法とは、行動を観察して対象者を理解しようとする方法である。観察法を用いることで生態学的妥当性の高いデータが得られる一方、観察者の存在が対象者に影響することや**観察者バイアス**が生じることなどの短所もある。Roy et al.（2006）は、自宅中のすべての部屋にビデオカメラとマイクを取り付け、自分の子どもの 0 歳から 3 歳までの毎日の生活の様子を記録するという大がかりな研究を行った（図1-5）。膨大なデータをもとに言語獲得プロセスが検討されている。

観察者バイアス：観察者が見出したいことに目を向けやすく、それ以外のことに気づきにくいこと。

❸ 質問紙法

　質問紙法とは、対象者にアンケートを渡して回答してもらう方法である。特定の内容がどの程度当てはまるかについて選択式に回答を求めることや、自由記述での回答を求めることがある。子どもについて研究する場合には、子ども自身に質問紙への回答を求める方法だけでなく、養育者や担任の先生などの身近な大人に対して質問紙への回答を求めることもある。ここまでに挙げた、実験法、観察法、質問紙法の他に、心理検査法や面接法によっても人の発達の様相を調べることができる。

5　視線から探る赤ちゃんの心

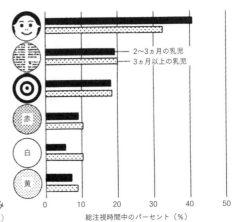

図 1-6　乳児の図形パターンの好み
（Fantz, 1961）

1 選好注視法

　ことばを話すことのできない乳児の心を知るには、視線の動きを調べる方法が有効である。選好注視法では、2つの刺激を同時に提示し乳児がどちらの刺激を長く見るかを調べる（2章5節も参照）。この方法により、乳児が2つの刺激のどちらを好んでいるかがわかる。ファンツ（Fantz, 1961）は選好注視法を使って、乳児が他のさまざまな刺激よりもヒトの顔を好むことを明らかにした（図1-6）。

2 馴化・脱馴化法

　乳児は、繰り返し同じ刺激を提示されると、飽きてきてその刺激への反応が徐々に弱くなる（馴化）。そこで新しい別の刺激を提示されると、反応が回復する（脱馴化）。このような乳児の特徴を利用して開発されたのが馴化・脱馴化法である（2章4節も参照）。この方法を使って、乳児が2つのものを区別しているかを調べることができる。たとえば、さまざまな人の笑顔の写真に馴化して注視時間が減った後で、怒った顔の写真を提示して注視時間が回復した場合、乳児は笑顔と怒った顔を区別していると言える。馴化・脱馴化法では、注視時間だけではなく心拍や反射運動なども指標として使うことができる。

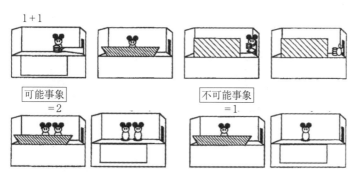

図1-7　足し算研究で提示された刺激 (Wynn, 1992)

🛐 期待違反法

　期待違反法は馴化・脱馴化法を応用した方法である。期待違反法は、見慣れない刺激や予想外の刺激が提示された場合に、乳児がその刺激を長く見るという特徴を利用している。たとえば、期待違反法を用いて乳児の計算能力の萌芽を示した研究がある（Wynn, 1992）。この研究では、5ヵ月児を対象に、まず1つの人形が登場し、その前にスクリーンが置かれて人形が隠される様子を見せる（図1-7）。それからもう1つの人形が登場し先ほど置かれたスクリーンの後ろに隠れる様子を見せた。5ヵ月児に計算能力があれば、このときスクリーンの後ろには2つの人形が存在すると考えるだろう。その後、スクリーンが前に倒れ、2つの人形が現れる場合（可能事象）と1つの人形が現れる場合（不可能事象）を見せた。その結果、可能事象より不可能事象で乳児の注視時間が長かった。5ヵ月児は、1＋1が1ではなく2であることを理解していることが示唆された。

　視線の動きの他に、脳活動、心電図、唾液などの生理的反応を測定する研究もある。乳児の脳活動の測定には、脳波計や光トポグラフィー（Near-Infrared Spectroscopy：NIRS）が使われている。

6 氏か育ちか？　個人差を生むもの

図 1-8　恐怖条件づけ実験の様子（Archives of the History of American Psychology）

　人の育ちは生まれつき遺伝的に決まっているのか、それとも、周りの環境や経験によって決まるのか。この問題は古くから議論されてきた。フランスの哲学者デカルト（Descartes, R.）は子どもが生まれながらに観念や知識を持つと考えた。これに対しイギリスの哲学者ロック（Locke, J.）は、「タブラ・ラサ（白紙）」という言葉を用いて、すべての知識が経験によって獲得されると主張した。

1 環境的要因

行動主義：外部から客観的に観察可能な行動を心理学の研究対象にすべきとする主張のこと。内省を研究方法とすることは非科学的であると批判した。

　心理学者のワトソン（Watson, J. B.）は**行動主義**の立場から、12 人の健康な子どもを与えられれば子どもを医師にでも弁護士にでも泥棒にでも育てることができるという趣旨の言葉を残した。彼は、アルバート坊やに対して恐怖条件づけ実験を行ったことでも有名である（図 1-8）。アルバート坊やはもともとネズミやサル、犬などさまざまな動物に対して恐怖を示さず、むしろ興味を示す子どもであった。しかし、アルバート坊やに対して、白いネズミを見せながら金槌で金属を叩いて大きな音を出すということを行うと、アルバート坊やは白いネズミやウサギなどの他の動物、毛布などをも怖がるようになった。ワトソンはこの実験をもって、恐怖が生まれつきのものではなく経験によって獲得されることを示した。

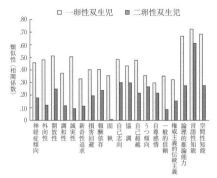
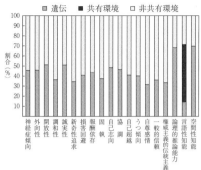

図1-9　双生児の類似性（左）、遺伝と環境の影響（右）（ともに安藤, 2011）

2 遺伝的要因

　心理学者で小児科医のゲゼル（Gesell, A.L.）は、一卵性双生児の片方には階段のぼりの練習を促し、もう片方には練習の機会を与えずに発達を調べる双生児統制法による研究を行い、環境的要因（練習）よりも**成熟**の要因が重要であると主張した（図1-9）。ただし、この研究には日常生活での経験を統制しきれないなどの方法論上の問題が指摘されている。また、**行動遺伝学**では、心理的形質も身体的形質も遺伝的要因の影響を受けるが100％ではないこと、環境的要因としては共有環境より非共有環境の影響が大きいことなどが明らかになっている。

3 遺伝と環境の相互作用

　シュテルン（Stern, W.）は、遺伝的要因と環境的要因が単純加算的に発達に影響を与えるという輻輳説を唱えた。ジェンセン（Jensen, A. R.）は、遺伝的要因が発達に影響を与えるには環境が一定の水準に達する必要があるという環境閾値説を唱えた。最も多くの研究者が採用しているのは、遺伝的要因と環境的要因の両方が絡み合って発達に影響を与えるという相互作用説である。音楽の才能がある子どもが自分から進んで吹奏楽部に入るなど、遺伝的な特徴が発達しやすい環境を選択することを適所探索という。

成熟：外部からの刺激や働きかけがなくても、時間の経過により遺伝的なものが現れること。

行動遺伝学：遺伝子の100％を共有している一卵性双生児と、およそ50％を共有している二卵性双生児それぞれの類似性を比較して、遺伝、共有環境、非共有環境（二人が共有していない環境）の影響の大きさを明らかにする。

■ 引用・参考文献

Archives of the History of American Psychology, Cumming Center for the History of Psychology, The University of Akron. https://www.uakron.edu/chp/archives/

東洋・柏木惠子・高橋惠子（編集・監訳）(1993). 生涯発達の心理学 1 巻 認知・知能・知恵 新曜社

安藤寿康 (2011). 遺伝マインド ── 遺伝子が織り成す行動と文化 有斐閣 Insight

Baltes, P. B. (1987). Theoretical propositions of life-span developmental psychology: On the dynamics between growth and decline. *Developmental Psychology*, 23, 611-626.

Fantz, R. L. (1958). Pattern vision in young infants. *The Psychological Record*, 8, 43-47.

Fantz, R. L. (1961). The origin of form perception. *Scientific American*, 204, 66-72.

Gergely, G., Bekkering, H. & Király, I. (2002). Rational imitation in preverbal infants. *Nature*, 415, 755.

柏木惠子・若松素子 (1994). 「親となる」ことによる人格発達 ── 生涯発達的視点から親を研究する試み 発達心理学研究, 5, 72-83.

Kaufman, J. & Zigler, E. F. (1989). The intergenerational transmission of child abuse. In D. Cicchetti & V. Carlson (eds), *Child maltreatment: Theory and research on the causes and consequences of child abuse and neglect*. New York: Cambridge University Press, 129-150.

厚生労働省 (2015). 第 14 回 21 世紀青年縦断調査（平成 14 年成年者）https://www.mhlw.go.jp/toukei/list/28-9.html

無藤隆・中坪史典・西山修（編著）(2010). 新・プリマーズ／保育／心理 発達心理学 ミネルヴァ書房

日本発達心理学会（編）無藤隆・長崎勤（責任編集）(2011). 発達科学ハンドブック 6 発達と支援 新曜社

守屋國光 (2005). 生涯発達論 ── 人間発達の理論と概念 風間書房

内閣府 (2018). 男女共同参画白書 平成 30 年版 http://www.gender.go.jp/about_danjo/whitepaper/h30/gaiyou /index.html

Roy, D. (2011). *The birth of a word*. https://www.ted.com/talks/deb_roy_the_birth_of_a_word?language=ja#t-258071

Roy, D., Patel, R., DeCamp, P., Kubat, R., Fleischman, M., Roy, B., ... Gorniak, P. (2006). The Human Speechome Project. In Proceedings of the 28th Annual Cognitive Science Conference.

Schaie, K. W. (1996). *Intellectual Development in Adulthood: The Seattle longitudinal study*. Cambridge University Press.

Schaie, K. W. (2005). *Developmental influences on adult intelligence: The Seattle longitudinal study*. New York: Oxford University Press.

Schaie, K. W. (2010). Adult cognitive development from a lifespan developmental perspective. 生涯発達的観点からみた成人の認知発達（日本発達心理学会 2009 年度国際ワークショップ・公開講演会報告） 発達研究, 24, 263-272.

Watson, J. B. & Rayner, R. (1920). Conditioned emotional reaction, *Journal of Experimental Psychology*, 3, 1-14.

Wynn, K. (1992). Addition and substraction by human infants, *Nature*, 358, 749-750.

Zimbardo, P. G. (1980). *Essentials of psychology and life*. Glenview, Ill.: Scott, Foresman & Co. (P. G. ジンバルドー, 古畑和孝・平井久（監訳）(1983). 現代心理学 I（第 10 版）サイエンス社)

子どもは大人との温かなかかわりの中で育つ。子育て
の喜びを感じながら親も成長していく。

2章

社会性はいつから？

胎児・乳児における社会性

　ヒトは、誕生直後からきわめて社会的な存在であることが報告されているが、すでに胎児期においてもその社会性が実証されつつある。本章では、胎児期から乳児期に見られる「社会性」について、筆者らのオリジナルの研究を含め、さまざまな実験的・実証的研究を通して学ぶ。乳児における同情や公平感に対する感受性は、従来は方法論的制約のため、十分には検討されてこなかった。近年のアニメーションやロボットを用いた研究を通して、乳児の新しい研究法やその意味するところを学ぶ。

予習課題 まず赤ちゃんを自分の目で見てみましょう。彼らがどのようにヒトに働きかけ、ヒトとかかわろうとするかを観察してみましょう。そこにはヒトのコミュニケーションの本質が見えるはずです。

復習課題 自分の記憶がどこまで遡れるのかを思い出してみましょう。自分では覚えていない赤ちゃん時代を、両親に聞いたり母子手帳を見たりして、身長・体重の変化や、自分はどのように生まれてどのように成長してきたのかということに思いをはせてみましょう。

1 胎児も学習するの？

図 2-1　胎児の感覚 （小西行郎氏提供の図をもとに作成）

◾ 胎児の感覚

　胎児においても、触覚、視覚、聴覚、味覚、および嗅覚の情報を処理する能力はすでに備わっている。視床と皮質の連結が確立された後、皮質レベルでの触覚経験の処理が可能となる。妊娠 25 週を過ぎる頃から、身体の意識も芽生え始めるが、それはまだ最小限のレベルの意識が現れたものと考えられる（Lecanuet & Schaal, 1996）。

　味覚に関しては、胎児は、好ましい羊水の味と好ましくない羊水の味の区別も可能である。およそ妊娠 20 週くらいから、羊水の匂いを感受できる。嗅覚は、**眼窩前頭皮質**で処理され、よい匂い、嫌な匂いに対する行動的反応は、早産児では、29 週あたりから認められることが報告されている。また、ある種の食物に対する選好が胎児期に獲得されることも報告されている。

　大きな音に対する反応は、26 週あたりから認められており、28 週を過ぎる頃から聴覚のさらなる発達が観察される。音楽などの複雑な音の処理は妊娠 33 週目くらいで認められる。妊娠最終週になると、母親の声に対して感受性を持つようになり、それは反射的な体動や、頭部の動き、心拍に反映される。さらに、胎児は、母親の声に限らずよく知っている声に対して選好を示す。

眼窩前頭皮質：眼窩前頭皮質は、視覚・聴覚・味覚・嗅覚などが収斂する、前頭葉の下部に位置する部位である。

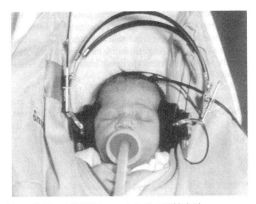

図 2-2　胎児の学習の実験場面 —— 出生後の記憶実験 (DeCasper & Fifer, 1980)

2 胎児の学習

　胎児の**学習**は、古くから認められている。きわめてよく引用されるの
が、DeCasper らの研究である。DeCasper & Fifer（1980）は、新生児
の音声に対する吸啜反応（sucking）を記録して、胎児の学習に関する研
究を行った。生後 3 日の新生児 10 人に、録音された音声刺激を 25 分に
わたって聞かせた。音声は、対象となった子どもの母親の声もしくは他
の女性の声であった。その結果、明らかに母親の声に対して、他の女性
の声に対するものとは異なる吸啜反応が観察された。しかしながら、こ
の条件では、生後わずかな時間のうちに母親の声を学習した可能性が残
されている。そこで、DeCasper & Spence（1986）は、16 人の新生児に
対して、同様に吸啜反応を用いた研究を行った。対象となった子どもの
母親は、妊娠期間の最後の 6 週間にわたって、胎児に 1 日 2 回、ある文
章の一節を読み聞かせた。この実験の統制群として、胎児期に別の文章
を読み聞かされた群と何も聞かされなかった群が設定された。その結果、
妊娠期間中に聞かされた一節と同じ文章を誕生後に聞かされた新生児は、
統制群とは異なる吸啜反応を示した。この研究は、胎児の学習の証拠を
示す研究として広く認知されている。

学習：ある経験
に基づく行動の
変容のこと。学
習は、程度が変
わりうるもので
ある。たとえば、
馴化や古典的条
件づけといった
単純なものから、
遊びや教育によ
る高次の学習な
どまである。

胎児にも社会性はあるの？

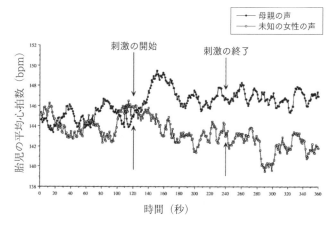

図 2-3　胎児の声の弁別（Kisilevsky et al., 2003）

① 胎児の音声弁別

　胎児期の感覚には、古くから大きな関心が持たれてきた。1 節にも示したように、およそ妊娠 30 週あたりで、胎児は、音のような聴覚刺激に反応するようになり、音声の弁別ができるようになることがわかっている。胎児は、羊水というフィルターを通してはいるが、子宮外の音もちゃんと聞こえているのである。Kisilevsky et al.（2003）は、胎児の心拍反応を指標として、胎児自身の母親の声の認知能力について検討を行った。妊娠終期 60 人の胎児を 2 つの群に分け、一方には母親の音声を、他方の群には未知の女性の音声を、文章の一節を録音したテープで聞かせた（図2-3）。音声刺激はスピーカーを用いて、母親の腹部から 10cm の距離で 2 分間呈示された。音の大きさの平均は、95dB であった。音声刺激は 2 分ごとに、有音と無音が交互に繰り返された。その結果、胎児の心拍は、母親の音声の場合は心拍数の増加が見られ、これに対して未知の女性の音声の場合には、心拍数の減少が見られ、これは 4 分間持続された。このように、既知の音声と未知の音声に対して異なる心拍反応を示したことは、胎児期の音声経験が、胎児の音声処理に影響を与えたことの証拠となるものである。

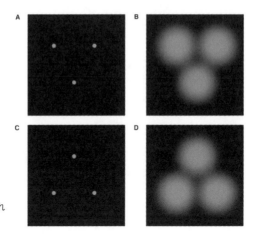

図 2-4　胎児の実験に使用され
　　　　た刺激（Reid et al, 2017）

2 胎児の顔スキーマの知覚

　乳児は一般的に人の顔のような刺激を選好することが知られている（Johnson & Morton, 1991）。しかしながらこのような選好は乳児のみに限定されているわけではないらしい。妊娠第3期では、胎児は知覚情報を処理できることが知られており、視覚もその例外ではない。2017年の学術雑誌 *Current Biology* に驚くべき論文が発表された。近年の4D **超音波技術**によって、胎児の行動を詳細に記録できるようになった。Reid et al.（2017）は、妊娠第3期の胎児を対象として、この技術を用い、母体の腹部に図2-4のような3点の光刺激を投射し、胎児の反応を観察した。光点は、新生児でも利用された顔様の刺激である。刺激は、正立刺激と倒立刺激の2種類であった。この刺激は子宮壁を通して胎児に届く。胎児は、光刺激に対する感受性を十分に有している。これらの刺激に対する選好を、頭部の動き、すなわち胎児がその刺激に顔を向ける回数を指標として検討した。これは、乳児でよく用いられるヘッド・ターン（乳児が選好する刺激に顔を向ける）法である。その結果、胎児は、正立した顔様の刺激に顔をより多く向けることがわかった。この結果は、新生児と同様の反応を示し、ここで示されたような選好は、出生後の経験は必要ないものであると考えられている。

超音波技術：超音波を対象物に照射し、その反響を映像にする技術。これにより胎児の映像を記録することが可能となった。現在は、4D（4次元）タイプもよく使われる。

3 乳児の身体や運動の知覚は？

図 2-5　Slaughter らが用いた刺激図 (Slaughter et al., 2002)

■1 乳児における身体理解

選好注視法：2つの異なる刺激を乳児に同時に呈示し、それぞれの刺激に対する注視時間を計測する方法。もし、それぞれの刺激に対する注視時間に差があれば、乳児はこれら2つの刺激を区別していると解釈される。

　Slaughter et al.（2002）は、乳児における身体図式の理解に関するユニークな研究を報告した。図 2-5 が、実験に使用された刺激である。乳児を対象に、典型的な身体イメージとスクランブルされた身体イメージとを対にして呈示し、それぞれのイメージに対する注視時間を計測した。これは、乳児の認知研究でよく用いられる**選好注視法**（preferential looking method）という方法である。研究 1 では、12 ヵ月児、15 ヵ月児、および 18 ヵ月児を対象として、図の上段の身体イメージと下段のスクランブルされた身体イメージを対にして呈示した。その結果、18 ヵ月児は、スクランブルされた身体イメージの方を、典型的な身体イメージよりも長く注視したが、他の 2 つの月齢ではその限りではなかった。研究 2 では、12 ヵ月児と 18 ヵ月児を対象に、図のような線画ではなく、写真のイメージを用いて同様の方法で実験を行った。その結果、研究 1 と同様に、18 ヵ月児のみが、スクランブルされた身体イメージを長く注視した。身体の知覚は顔知覚に比して発達が遅いことから、身体の知覚と顔の知覚の発達の道筋が異なることが指摘されている。

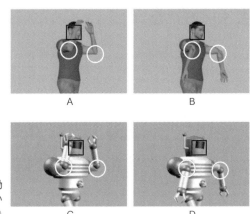

図2-6 可能動作・不可能動作の知覚実験に用いた刺激（守田知代氏提供）

2 乳児の運動理解

　身体の重要性は、その構造だけではない。運動も身体の重要な特性の一つである。ヒトの身体の動きに関する乳児の知識をより理解するために、アイトラッカーを用いて、ヒトの可能動作と不可能動作に対する反応を調べる実験が行われている（Morita et al., 2012）。アイトラッカーは、乳児研究でもよく使用されており、参加児がどこを見ているか、その部分を可視化する機器である。

　実験では、9ヵ月児、12ヵ月児、そして成人を対象とした。実験手続きは、図2-6のようなコンピュータで作成したカラーアニメーション刺激をスクリーンに並べて呈示し、それぞれの刺激に対する注視時間を計測した。刺激には、ヒトとロボットのバージョンがあり、それぞれ、肘が通常の方向に曲がる可能動作の動画と、肘が逆に曲がる不可能動作の動画の各刺激からなっていた。丸いラインおよび四角いラインで囲まれているのは、この実験で設定された関心領域（Area of Interest: AOI）と呼ばれる領域で、顔と肘に AOI を設定している。この領域部位をどの程度注視していたかが計測されたが、その結果、12ヵ月児と成人では、不可能動作に対する注視時間が長かった。乳児は生後12ヵ月頃までに、ヒトに備わっている動きには限界や制約があることをすでに認識している可能性が示されたと言えるかもしれない。

4 自分の所属する社会の人の発話や顔は よくわかる？

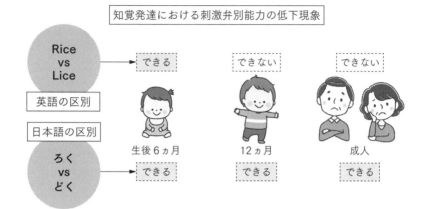

図 2-7　知覚狭小化の例 （向井田麻衣氏提供）

■ 知覚狭小化 （Perceptual narrowing）

　乳児期の知覚発達において、知覚経験が大きな影響を及ぼすことが近年の研究で示されている （Pascalis et al., 2014）。乳児が経験する顔や言語音などの刺激は、自分の属する文化のものに限られる場合が多い。発達初期の乳児は、成人にとって弁別が難しいような細かな刺激の差異も弁別が可能であることが知られている。この広い感受性は、知覚経験によって狭くなっていく。たとえば英語話者にとって、英語に含まれないヒンディー語の子音を弁別することは困難である。しかしながら、ヒンディー語を聴いたことがないにもかかわらず、生後 6 ヵ月児の英語圏の乳児は、ヒンディー語の子音を弁別することが報告されている （Werker et al., 1981）。すなわち、乳児期初期の広範囲にわたる弁別能力は、発達とともに低下し、およそ生後 10 ヵ月頃までに成人と同様の傾向を示すようになる。このような、乳児期初期に持っている広い感受性が外国語など見聞きする経験の少ない刺激に対してしだいに低下する現象を知覚狭小化 （Nelson, 2001）という。言語音以外にも、異なる人種の顔の弁別、自分の所属する社会に見られる音楽やリズムについての知覚などでも確認されている。

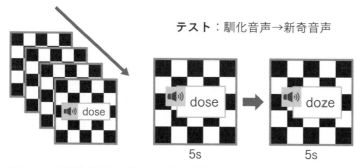

テスト：馴化音声→新奇音声

5s　　　　　　5s

図2-8　知覚狭小化実験の流れ —— 音声刺激の場合 (向井田麻衣氏提供)

2 音声に対する狭小化

　Xiao et al. (2018) は、乳児と成人を対象として、顔および言語の知覚的狭小化という現象の特性を探った。音声の狭小化について調べた研究では、3ヵ月児、6ヵ月児、9ヵ月児、12ヵ月児を対象に、**馴化・脱馴化法**を用いて、言語および顔に対する知覚狭小化の実験を実施した（図2-8）。馴化刺激として、類似した音の英語（"dose"または"doze"）もしくは日本語（「かっこう」もしくは「がっこう」）を呈示し、テスト刺激として、馴化刺激と新奇刺激を1回ずつ呈示した。具体的には、「かっこう」で馴化された場合は、「かっこう」（馴化刺激）と「がっこう」（新奇刺激）が1回ずつ呈示されたのである。なお、音声刺激には、注視時間を計測するための視覚刺激として、市松模様が対呈示された。テストでは、馴化刺激（繰り返し対呈示した音声と市松模様）と新奇刺激（新しい音声と市松模様）が同じ乳児に呈示され、注視時間が計測された。その結果、生後6ヵ月以降の乳児は自分の文化に所属する刺激への感受性は保たれるものの、文化に見られない刺激への感受性が低下することが示された。

　先行研究では9ヵ月以降とされていたが、それよりも早い段階で知覚狭小化が起こる理由としては、手法の違いだけでなく、単一民族環境かどうかという違いも考えられる。さらに、顔と言語音の2領域の知覚狭小化が比較されたが、それぞれの発達時期はこれまでの予測とは異なり個人内で独立して発達する可能性が示された。

馴化・脱馴化法：乳児実験によく用いられる方法。何度も同じ刺激を繰り返して呈示すると、徐々にその刺激（馴化刺激）に対する注視時間が短くなる。十分にその刺激に慣れてきたところで、新しい刺激（テスト刺激）を呈示すると、馴化刺激とテスト刺激が弁別できていれば、テスト刺激に対する注視時間が再び長くなる。

5　乳児の社会性はどんなもの？

図 2-9　顔に対する選好実験サンプル刺激 (Johnson & Morton, 1991)

■1 社会的刺激に対する選好

　社会性が胎児にも見られることは、2 節でも述べた。ヒトの赤ちゃんはきわめて早い時期から、ヒトが持つ生物学的な特性に対して高い感受性を持つこと、また、それらに対する選好を示すことが数多く報告されている。発達初期であっても、赤ちゃんの能力はわれわれの想像以上に豊かである。それは、物理的世界のみならず、自己の認識や対人関係の理解を含む彼らの社会的世界においても同様である。たとえ生まれたばかりの赤ちゃんでも、社会的知覚の原初的なものは十分に認められることが知られている。たとえば、新生児はダイナミックな音刺激に対する高い感受性を持っており、特にヒトの音声の方向を容易に特定することができる。それどころか、母親の声と見知らぬ女性の声とを区別し、母親の声を聴くために、吸啜反応のパターンを変化させたりすることが実験的分析によって明らかになっている。また、新生児は、かなり制限された視力しかないことがわかっているが、生後すぐに顔のように見える単純な刺激（スキーマティック・フェイス）を、同じ目や口の要素図形がスクランブルされた刺激（スクランブル・フェイス）よりもよく追視することが、Johnson & Morton（1991）によって報告されている（図 2-9）。

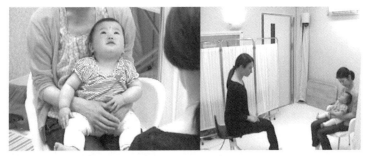

図2-10　ロボットを用いたスティルフェイス実験場面（板倉昭二提供、ジェミノイドは石黒
　　浩氏提供）
このパラダイムは、通常３つの段階（フェイズ）に分かれる。①母親と乳児が通常のやりとりを行
う、②母親の表情が静止する、この場合、母親は乳児のいかなる働きかけに対しても全く応答しな
い、③再度、通常のやりとりを行う、すなわち①と同じインタラクションである。これまでの膨大
な先行研究による報告から、フェイズ①からフェイズ②へ移行すると、乳児は機嫌が悪くなり、目
をそらしたり母親の注意を引こうとしたり、あげくの果てには泣いてしまったりすることが知られ
ている。フェイズ③に移行すると、乳児はよい機嫌を取り戻し、フェイズ①と同様のインタラクショ
ンをとる。

2 乳児の社会的相互作用

　乳児の社会的相互作用を検討する方法として、「**スティルフェイス・
パラダイム**（静止顔パラダイム）」がよく知られている（図2-10）。乳児の
パートナーとして、女性型アンドロイドロボットを用い、このパラダイ
ムが実施されている（板倉, 2014）。手続きは、ヒトをパートナーとした
実験に倣い（Striano & Reid, 2006）、結果をヒトとアンドロイドの場合で
比較した。

　乳児の全体的な反応パターンは、ヒトとアンドロイドの場合とできわ
めてよく類似していた。特に、パートナーに対する視線に関しては、い
ずれの場合でも、スティルフェイスの段階に入ると大きく減少してい
る。しかしながら、リ・エンゲージメント（最初のコミュニケーションを
取り戻そうとする乳児からの働きかけ）に着目してみると、大きな差異が認
められた。ヒトがパートナーの場合は、スティルフェイスの段階になる
と、最初の段階の楽しいコミュニケーションを求めようとするが、アン
ドロイドがパートナーの場合、スティルフェイスの段階になっても、そ
のような行動は出現しなかった。

**スティルフェイ
ス・パラダイム**:
乳児の社会的相
互作用に関する
実験パラダイム。
通常のコミュニ
ケーションから
静止顔、そして
また通常のコ
ミュニケーショ
ンに戻る。その
間の乳児の行動
を観察する。

6 乳児も他者の利益を考えるの？

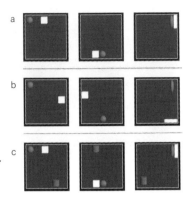

図2-11　同情実験に用いたアニメーション
　　　　刺激（鹿子木康弘氏提供）

1 乳児の同情

　前言語期の乳児にも、同情的行動の萌芽が見られる（Kanakogi et al,
2013）。同情は、社会的認知のさまざまな側面、特に向社会的行動や道徳
性、攻撃性の調整などに関連し、人が円滑な社会生活を営むためには大
変重要な能力と考えられている。ある実験では、対象となった乳児に2
つの物体が相互作用するアニメーション刺激を見せた。刺激は、球体と
立方体が、コンピュータのスクリーン上を動き回るアニメーションであっ
たが、それらが攻撃的に相互作用するものとしないものの2つが用意さ
れた（図2-11）。攻撃的な相互作用を示す刺激条件では、たとえば、球体
が立方体を追跡し衝突する映像が呈示された。相互作用がない刺激条件
では、2つの図形が接触なしに独立に動く映像を呈示し、これを統制条件
の刺激とした。2つの図形の役割は参加者間で交代され、図形の異なる
ことによる差が出ないようにした。その後のテストでは、アニメーショ
ンの幾何学図形に対応した2つの実物模型（紙粘土により作成されたもの）
が呈示され、参加児はどちらかを選択することが求められた。その結果、
攻撃的相互作用条件の乳児は、有意に攻撃された方の物体を選択したが、
相互作用なし条件の乳児ではその選択に差は見られなかった。この結果
は、10ヵ月児が、先行して呈示された刺激における2つの物体の相互作
用の仕方に基づいて、それぞれに異なる印象を形成し、攻撃された方の
物体を選好したことを示すものであると考えられる（Kanakogi et al., 2013）。

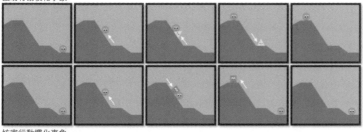

援助行動慣化事象

妨害行動慣化事象
公平感テスト事象

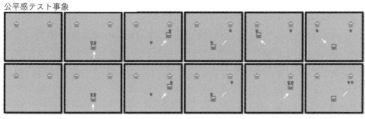

図2-12 使用されたアニメーション刺激 —— 上段：援助行動慣化事象および妨害行動慣化事象のサンプル刺激、下段：テスト刺激のサンプル、公平分配（上）と不公平分配（下）(Surian et al., 2018)

2 乳児の公平感 —— 分配場面

14ヵ月児が、エージェント（行為の主体者）の善悪の振る舞いに応じて、エージェントのその後の分配行動を予測することが報告されている（Surian et al., 2018）。オレンジ色のボールが坂を上ろうとしているが、黄色い三角形はそれを助け、青い四角形は邪魔している。このような馴化刺激を乳児に見せた後、以下の4条件をテスト刺激とした。①援助したエージェント（この図の場合、黄色い三角形）がイチゴを平等に分配する、②援助したエージェントがイチゴを不平等に分ける、③妨害したエージェント（この図の場合、青い四角形）がイチゴを平等に分ける、④妨害したエージェントがイチゴを不平等に分ける、の4条件であった。乳児は、援助したエージェントが不平等にイチゴを分配した場合、その事象を長く注視した。しかしながら、妨害したエージェントが、平等に分配しても不平等に分配しても、乳児の注視時間に差は見られなかった。このことから、乳児は少なくとも、エージェントの援助行動によって、そのエージェントが公平に分配するか不公平に分配するかを予測していたことを示すものといえる。

公平感：限りある資源の分配に対して、公平に分配ることに対する感受性。乳児も、公平に分配するエージェントを好むことが知られている。

■ 引用・参考文献

DeCasper, A. J., & Fifer, W. P. (1980). Of human bonding: Newborns prefer their mothers' voices. *Science*, 208(4448), 1174-1176.

DeCasper, A. J., & Spence, M. J. (1986). Prenatal maternal speech influences newborns' perception of speech sounds. *Infant behavior and Development*, 9(2), 133-150.

板倉昭二 (2014). ロボットを通して探る赤ちゃんの心の発達 ヒューマンインタフェース 学会誌, 10, 29-34.

Itakura, S., Ishida, H., Kanda, T., Shimada, Y., Ishiguro, H., & Lee, K. (2008). How to build an intentional android: Infants' imitation of a robot's goal-directed actions. *Infancy*, 13 (5), 519-532.

Johnson, M. H. & Morton, J. (1991). *Biology and cognitive development: The case of face recognition*. Oxford University Press.

Lecanuet, J. P., & Schaal, B. (1996). Fetal sensory competencies. *European Journal of Obstetrics & Gynecology and Reproductive Biology*, 68, 1-23.

Kanakogi, Y., Okumura, Y., Inoue, Y., Kitazaki, M., & Itakura, S. (2013). Rudimentary sympathy in preverbal infants: preference for others in distress. *PloS one*, 8(6).

Kisilevsky, B. S., Hains, S. M., Lee, K., Xie, X., Huang, H., Ye, H. H., ... & Wang, Z. (2003). Effects of experience on fetal voice recognition. *Psychological science*, 14(3), 220-224.

Meltzoff, A. N. (1995). Understanding the intentions of others: re-enactment of intended acts by 18-month-old children. *Developmental Psychology*, 31(5), 838-850.

Morita, T., Slaughter, V., Katayama, N., Kitazaki, M., Kakigi, R., & Itakura, S. (2012). Infant and adult perceptions of possible and impossible body movements: An eye-tracking study. *Journal of Experimental Child Psychology*, 113(3), 401-414.

Nelson, C. A. (2001). The development and neural bases of face recognition. *Infant and child development*, 10(1-2), 3-18.

Pascalis, O., Loevenbruck, H., Quinn, P. C., Kandel, S., Tanaka, J. W., & Lee, K. (2014). On the links among face processing, language processing, and narrowing during development. *Child Development Perspectives*, 8(2), 65-70.

Reid, V. M., Dunn, K., Young, R. J., Amu, J., Donovan, T., & Reissland, N. (2017). The human fetus preferentially engages with face-like visual stimuli. *Current Biology*, 27 (12), 1825-1828.

Slaughter, V., Heron, M., & Sim, S. (2002). Development of preferences for the human body shape in infancy. *Cognition*, 85(3), B71-81.

Striano, T., & Reid, V. M. (2006). Social cognition in the first year. *Trends in Cognitive*

Sciences, 10(10), 471-476.

Surian, L., Ueno, M., Itakura, S., & Meristo, M. (2018). Do infants attribute moral traits? Fourteen-month-olds' expectations of fairness are affected by agents' antisocial actions. *Frontiers in Psychology, 9*.

Werker, J. F., Gilbert, J. H., Humphrey, K., & Tees, R. C. (1981). Developmental aspects of cross-language speech perception. *Child Development, 52*(1), 349-355.

Xiao, N. G., Mukaida, M., Quinn, P. C., Pascalis, O., Lee, K., & Itakura, S. (2018). Narrowing in face and speech perception in infancy: Developmental change in the relations between domains. *Journal of Experimental Child Psychology, 176*, 113-127.

心を見つける力

ディベロップメンタル・サイバネティクス

　近年、ヒト以外のエージェント（行為の主体者のこと）、たとえばロボットを用いた発達研究が提唱されており、これを Developmental Cybernetics（ディベロップメンタル・サイバネティクス）と呼ぶ (Itakura et al., 2008)。Developmental Cybernetics とは、子どもとヒト以外のエージェントとの融合や社会的相互作用に関する研究領域と定義される。つまり、乳幼児はどのような場合に、相手を社会的なパートナーだとみなすのか、また、相手に目標指向性や意図や心を付与（想定）するのかに注目する。

　乳児の、模倣するという性質を活かして、どのような場合に、ロボットに「意図」を付与するかを検討した研究がある (Itakura et al., 2008)。乳児に対してロボットが物体を用いて行う行為をビデオクリップで呈示した（下図参照）。たとえば、ダンベルのような形の物体を両手で2つに分ける場面である。ビデオでは、ロボットの隣に位置した人間のパートナーが物体を渡すのだが、その際に、ロボットとヒトがアイコンタクトをする場合とアイコンタクトをしない場合の2つの条件が設定された。先行研究では、ヒトのモデルがターゲットとなる行為に失敗した場合（物体を分けることができなかった場合）でも、乳児はモデルの意図を読

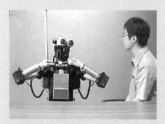

んで、行為を完遂する（物体を2つに分ける）ことが報告されているが (Meltzoff, 1995)、ロボットが失敗した場合は、パートナーとアイコンタクトを取るという社会的相互作用があったときにのみ、乳児はロボットに意図を付与する傾向が見られたのである。

■参考文献

Itakura, S., Ishida, H., Kanda, T., Shimada, Y., Ishiguro, H., & Lee, K. (2008). How to build an intentional android: Infants' imitation of a robot's goal-directed actions. *Infancy*, 13(5), 519-532.

Meltzoff, A. N. (1995). Understanding the intentions of others: re-enactment of intended acts by 18-month-old children. *Developmental Psychology*, 31(5), 838.

3章

友だちはいつから できるの？

幼児期の感情と社会性の発達

　幼児は、友だちとどのように関係を構築していくのだろうか。幼児期に、単独での遊びから会話や役割分担を含む仲間との遊びへと変化する中で、社会的なやりとりが増え友だちという存在ができていく。本章では、子どもの仲間関係の様子を明らかにしたり、互いに感情を理解し合うしくみや測定の方法を学ぶ。さらには、こうした知見をもとに、子どもの友だちづくりに貢献する支援プログラムの知識を身につける。

> **予習課題** 幼児期の子ども（3〜5歳）が遊んでいる場面を観察してみましょう。公園など子どもが集まる場所で、子どもたちのやりとりを観察し（30分間）、具体的に、子どもたちの間でどのような遊びが行われているのか、子どもたちがそれぞれどのようなコミュニケーションを取っているのかを書きとめ、ノートにまとめましょう。
>
> **復習課題** 子どもの遊び場面の観察を通して気づいた点が本章の内容にどのように当てはまるのか（友だち関係の特性、遊びの分類、感情・社会性の発達段階など）、観察ノートを振り返りながら議論しましょう。

1 友だちって何だろう？

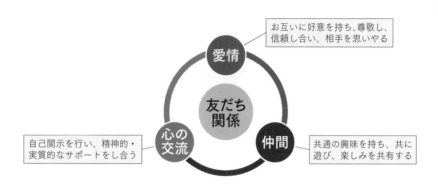

図 3-1　友だち関係の特性（Miller, 2014 より作成）

1 幼児期の友だち関係が担う役割

　あなたにとって「友だち」とはどのような存在だろう？　まず、あなたが現在とても仲良くしている友だちを 1 人思い浮かべてみてほしい。それから、子どもの頃（できれば 3 歳頃まで）の記憶をたどって、最初にできた友だちを思い出してみてほしい。そして、過去と現在の友だちの 2 人がそれぞれ図 3-1 の友だち関係の特性の中で、どの性質を持ち合わせている／いたのかを少し考えてみよう。おそらく、子どもの頃の友だちよりも今の友だちの方が、愛情や心の交流といった友だち関係の特性をより多く備えているのではないだろうか。

　幼児期に入ると、子どもは幼稚園・保育所・認定こども園などに通い始めるが、その過程で、家庭の外にある小さな社会に触れ、同じ年齢の子どもたちと**仲間関係**（peer relationships）を築いていく。その中で、特に仲の良い「友だち」という存在が生じるが、この時期の友だちは、「一緒に遊ぶ相手」や「おもちゃを共有する相手」（図 3-1 の「仲間」に相当）であり、頻繁にその相手が変わる。子どもにとっては、こうした友だちはすべて、家族や親族以外の初めての人間関係であるため、家庭と広い社会をつなぐ架け橋と捉えることができる（Dunn, 2004）。

仲間関係：同年齢の子どもと築く関係。友だち関係よりも対象範囲が広く、クラスメートや遊び仲間など活動を共にする仲間との関係であり、子どもに主要な社会経験の場を提供する。

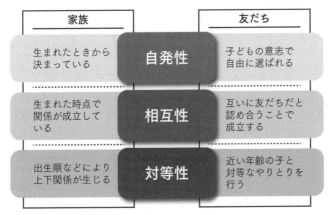

図 3-2　幼児期における友人関係の役割 (Bradbury & Karney, 2014 より作成)

２ 友だち関係の特徴

　家族との関係に比べ、友だちとの関係はどのように違うのだろうか。友だち関係は、大きく３つの特徴 —— 自発性、相互性、対等性 —— があると言われている (Bradbury & Karney, 2014)（図3-2)。第１の自発性とは、家族は生まれたときから決まっているが、友だちは比較的に子どもの意志によって自由に選ばれるからである。自発的に気の合う相手と関係を築き、うまくいかなければ関係を解消することができる関係である。第２の相互性という点は、友だちとは子どもが互いに「友だち」だと認め合うことで成立する関係であるからである。どちらか一方のみで友だちという関係を始めることは難しい。第３の対等性という特徴は、友だちは上下関係ではなく対等な関係にあるという点である。親子やきょうだいなどの関係には出生順などで上下関係が自ずと生じるが、幼児期の子どもは自分と同じもしくは近い年齢の子と友だちになり、対等なやりとりを行う傾向がある。こうして友だち関係を築くことを通し、家族以外の他者との関係づくりを学んでいくのである。

友だち関係の変化

表 3-1　遊びの変化 (Parten, 1932)

社会的かかわり	遊びの分類	内容
低	専念しない状態	・特に遊ばず、興味が向いたものに目線を向ける ・体を動かしたり、立ったり座ったりなど気ままに動く
	傍観者行動	・他の子たちが遊んでいるのを見ている ・その子たちに話しかけるが、遊びには加わらない
	ひとり遊び	・他の子たちと離れて単独で遊びに集中している ・他の子たちがどんな遊びをしているかは気にしない
	並行遊び	・他の子たちの近くで同じような遊びをしている ・他の子には干渉しない
	連合遊び	・他の子と一緒に遊ぶが、目的や役割分担などはない ・会話をしたり、おもちゃの貸し借りをする
高	協同遊び	・共通の目的のために役割分担をし、他の子たちと協力して一つの遊びに取り組む ・グループに属しているという明確な感覚がある

🔳 遊びを通して起こる変化

　子どもの友だち・仲間関係はどのように変化し、発展していくのだろうか。パーテン (Parten, 1932) は保育園で子どもたちの遊び場面を観察し、子どもたちの社会的なかかわり方が段階的に変化することに気づいた（表3-1）。はじめは特定の遊びに専念しないような状況から、しだいに遊びには加わらないが傍観している行動をとる。同時に、ひとり遊びなど、他の子たちとまだ積極的にかかわらない。しかし、徐々に他の子の近くで同じ遊びを始め、その後、会話をする連合遊びや役割を分担する協同遊びができるようになり、社会的なやりとりを行うようになる。

　また、「社会的慣習や文化による価値観」への影響が、子どもの遊びにも見られる (Chen, 2009)。たとえば、日本や他のアジア諸国を含む**集団主義的文化**では、集団の和を重んじる。一方で、西洋諸国に多い**個人主義的文化**では、個人の自主性と個性に価値を置いている。この違いが子どもの遊びにも反映されており、集団主義的文化では個人主義的文化よりも、仲間内の和が強調され、自己主張はあまり歓迎されない傾向がある。このことから、子どもは幼児期からすでにそれぞれの文化に適したふるまい方や考え方を学んでいくことがうかがえる。

集団主義的文化：集団の和が重要視されているため相互依存性が高く、協調性が求められる文化。

個人主義的文化：個性や個人の自由に価値が置かれており、相互依存性が低く、自主性が求められる文化。

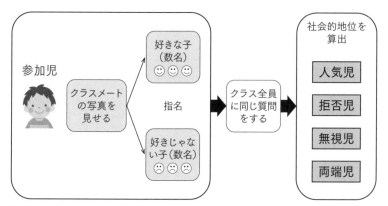

図 3-3　ソシオメトリック指名法の手順
人気児はクラスメートの多くから好かれている子、拒否児は多くのクラスメートに好かれていない子、無視児は「好き／好きじゃない」のどちらにも指名されない子、両端児はどちらにも指名され評価が分かれている子。

❷ 友だち・仲間関係の測定法

　幼稚園・保育所・認定こども園などで、子どもたちが他者とのやりとりを通して友だち・仲間関係を築いていく中で、グループ全体の関係性も変化していく。クラスメートの多くに好かれる子がいれば、他の子たちと仲良くできず、クラスにうまく馴染めない子も出てくる。すなわち、クラスの中でいつの間にか**社会的地位**が生じるのである。この地位を測定する手法はソシオメトリック指名法と呼ばれ、主に図3-3に示した手順で実施される。調査によっては、「好きな子／好きじゃない子」の代わりに、「一緒に遊びたい／遊びたくないお友だちは誰かな？」という聞き方をすることもある。そして、クラス全員の回答をまとめると、それぞれの子どもの社会的地位が算出できる。子どもが仲間に受け入れられているかどうか、ということは子どもの社会での適応力を見る重要な指標の一つであるため、この手法は子どもの社会性との関連を調べる調査によく用いられる。たとえば、拒否児と無視児はことばを使ってうまくコミュニケーションをとるのが苦手だという傾向が報告されている（van der Wilt et al., 2018）。

社会的地位：特定の集団内で個人が占める位置。

3 友だちをつくるために必要な能力

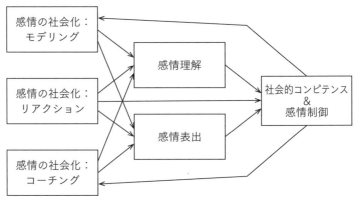

図 3-4　社会的コンピテンスに導く感情コンピテンスの社会化の発達モデル
(Denham, 1998)

1 感情コンピテンス

　子どもが友だちをつくり、円滑な対人関係を保っていくためには、**感
情コンピテンス**（emotional competence）と呼ばれる感情についての総合
的な能力・スキルが必要である（Denham, 1998）。感情コンピテンスに
は 3 つの側面があり、1 つ目は感情理解である。これは、自分と他者の
気持ちを認識し理解すること、そして感情が起こる原因や感情によっ
て引き起こされる行動や他の感情などの結果に関する文脈理解が含ま
れる。2 つ目は感情表出であり、適切に感情を表現する能力である。3
つ目は、感情を状況に合わせてコントロールする能力、感情制御であ
る。図 3-4 に示すように、これらの能力は親や先生など周りの人々によ
る**社会化**（socialization）によって育てられ、**社会的コンピテンス**（social
competence）の習得に結びつくと言われている。幼児期は、感情コンピ
テンスが著しく発達する時期である。たとえば、幼児は自分の感情につ
いて話し始め、また他者の感情に適切に反応することができるようにな
る。怒りや悲しみなどネガティブな感情を少しずつコントロールできる
ようにもなる。感情の発達によって社会生活が大きく変化していく。

**感情コンピテン
ス**：感情理解、
感情表出、感情
制御から成る、
感情にまつわる
総合的な能力・
スキル。

社会化：個人（特
に子ども）が、
所属する社会／
文化を構成する
一員になるよう
に、その社会／
文化における価
値観、規範等を
身につけるよう
教育する取り組
み。

**社会的コンピテ
ンス**：他者との
やりとりを効果
的に行い、社会
に適応するため
の能力・スキル。
感情、認知、行
動などさまざま
な側面の能力・
スキルが含まれ
る（10 章 4 節
も参照）。

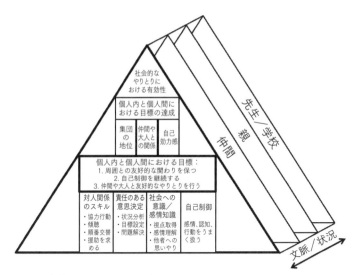

図 3-5　社会的コンピテンスモデル（Rose-Krasnor, 1997 の社会的コンピテンスモデルと
Payton et al., 2000 の社会性・感情学習のモデルを Denham, Bassett & Zinsser, 2012 が統合）

② 社会的コンピテンス

　社会的コンピテンスは、意思決定力や自己制御力など個人の内面にか
かわるものから、対人関係のスキルや社会への意識等、他者とのやりと
りに必要なものまでさまざまな能力・スキルが含まれている。図 3-5 の
モデルを見ると、その複雑さが伝わるのではないだろうか。モデルの上
部に個人内と個人間における目標が位置し、下部に習得すべき能力・ス
キルが並んでいる。これらの能力・スキルはあなたが毎日の生活で周囲
の人々とかかわる際に、意識せずにもしくは意識して使っているもので
あるが、大人でもすべての能力・スキルを身につけているわけではな
い。幼児期から、これらの能力・スキルを学び、さまざまな文脈や状況
に応じて適切な対応ができるように成長していくのである。子どもの感
情・社会的コンピテンスの習得を促す学習は**ソーシャル・エモーショナ
ル・ラーニング**（social-emotional learning）と呼ばれており、Denham et
al.（2012）をはじめとする研究者は、その学習を支援するための介入プ
ログラム（6 節を参照）や能力を測定するためのアセスメントの開発を進
めている。

ソーシャル・エ
モーショナル・
ラーニング：子
ども（また大人）
が感情コンピテ
ンスや社会的コ
ンピテンスを学
び、身につけ、
実生活で応用し
ていくプロセス。

4

どうやって気持ちがわかるようになるの？

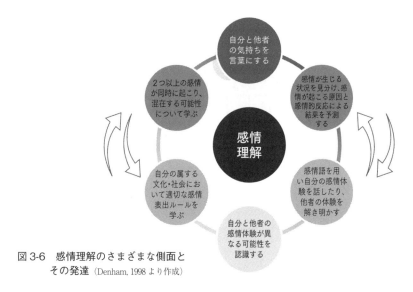

図 3-6　感情理解のさまざまな側面と
その発達 (Denham, 1998 より作成)

🔳 幼児期における感情理解の発達

　感情コンピテンスの一つの側面として、自分や友だちの気持ちをわか
るようになることは、子どもにとって非常に重要な能力である。一体、
子どもはどのようにして他人の気持ちをわかるようになるのだろうか。
もちろん、さまざまな感情を生まれながらに理解しているわけではない。
感情理解のさまざまな側面が少しずつ発達していくのである（感情表出
の発達については 4 章を参照）。図 3-6 に示した感情理解の側面は明確な段
階を追って発達していくのではなく、いくつかの側面がお互い影響しな
がら発達していく様子を表している (Denham, 1998)。各ステップ自体の
難易度は異なる。たとえば、泣き笑いや怒りと悲しみが混じった状態
など、幼児期の子どもには理解が難しいが、児童期にかかると理解が進
む。また、幼児期に習得する**基本感情**はうれしい、悲しい、怒った、怖
い、の 4 感情である。文化差はあるものの、共通して「うれしい」は理
解が一番早く、その後「悲しい」もしくは「怒った」が続くが、「怖い」
は他のネガティブな感情と混同しやすく理解に時間がかかるという発達
傾向が見つかっている (Denham & Couchoud, 1990; Watanabe et al., 2018)。

基本感情：幼児
期に理解ができ
るようになる基
本的な感情。「う
れしい」、「悲し
い」、「怒った」、
「怖い」の 4 感
情が含まれる。

感情認識課題	基本の4感情をことばと指差しで当てる
	① ラベリング課題 実験者：（表情画を指差して）この子はどんな気持ちかな？ 参加児：表情画が表す気持ちを言う
	② マッチング課題 実験者：うれしい顔はどれかな？ 参加児：4つの表情画から回答を選ぶ（指差し）
感情シーン理解課題	パペットによるお話を聞き、主人公の気持ちを当てる（全20話）
	タロウ：「できた！　積み木でこんな大きなタワーを作ったよ。ねえ、すごいでしょ？」 ハナコ：「ううん、変なの。ええい、壊しちゃえ！」 実験者：タロウは今どんな気持ちでしょう？ 参加児：4つの表情画から回答を選ぶ

図 3-7　AKT（感情知識テスト）の構成 (Watanabe, Denham, et al., 2019)

2 感情知識の測定法

　幼児がどのくらい感情を理解しているのかを、どうしたら測ることができるのだろう。感情の理解は子どもの内面で発達しているため、外から行動を観察することは難しい。また、幼児はまだことばと読み書きの力が未熟であるため、年齢が上の子どもを対象とした質問紙やインタビューによる測定も幼児には適切ではない。そこで米国で開発されたのが Affect Knowledge Test（AKT）である（図 3-7：Denham et al., 2002）。このテストは、直接子どもに表情画やパペットによるお話を見せ質問する構成になっており、幼児の感情理解を複数の質的側面から検討できる。ゲーム感覚で子どもが楽しんで回答し、15分前後で手軽に実施可能である。さまざまな文化で有用性が認められており、日本語版も作成されている（Watanabe, Denham, et al., 2019）。定期的に感情知識を測定することで、子どもがどこでつまずいているのか、どのような支援が適切なのかの判断が可能になる。近年、学術的研究の目的だけではなく保育現場等でアセスメントを手軽に実施できるよう、タブレットアプリ版などアセスメントの電子化が推進されている（Denham, Bassett & Zinsser, 2012; Watanabe & Kobayashi, 2019）。

5 幼児期の感情・社会性の発達と学校適応

感情・社会的コンピテンス		
	習得 ☺	・小学校の環境に適応 ・友だちやクラスメートとの良好な関係 ・仲間に受け入れられやすい ・授業中の集中力が高い ・学校に対して好意的 ・新しいことに挑戦する意欲が高い
	不足 ☹	・小学校の環境に不適応 ・他者とのコミュニケーションにおいて誤解が生じる ・仲間に受け入れられにくい ・攻撃的な行動をしやすい ・先生からのソーシャルスキルの評価が低い

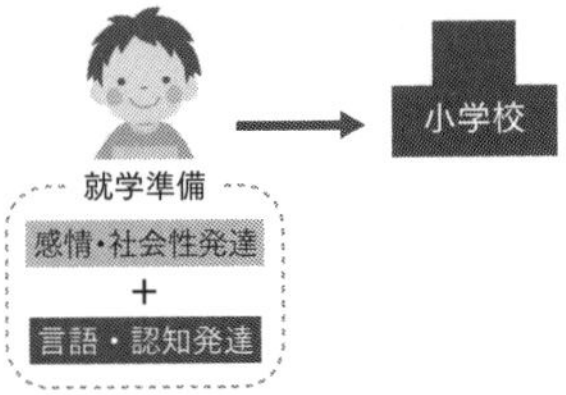

図 3-8　感情・社会的コンピテンスによる就学後の環境適応への影響（Denham, Bassett, Way et al., 2012; Raver & Knitzer, 2002; Shields et al., 2001; Trentacosta & Izard, 2007 の調査結果をもとに作成）

1 就学準備（小学校へのスムーズな移行）

就学準備：小学校の環境に適応できるよう備えること。「学ぶための準備」という学力的な側面と「学校に入るための準備」という社会的な側面が含まれる。

幼児期の感情・社会性の発達は**就学準備**（school readiness）において重要な役割を担う。就学準備は2つの要素からなり、1つ目は認知、言語力などが科目を学習する発達レベルに達しているかどうかという「学ぶための準備」であり、2つ目は先生の指示、教室のルールに従うことやクラスメートとの協調性など、学校環境にうまく適応できるかに着目した「学校に入るための準備」である（Lewitt & Baker, 1995）。つまり、学力的な側面と社会的な側面の両方が備わってはじめて、就学準備ができているとみなされる。長年、就学前教育として数字の理解やひらがなの読み書きなどの学力面の発達に重きが置かれてきた。しかし、感情や社会性の発達の重要性を示す研究データが蓄積され、行政をはじめ、学校関係者、保護者、研究者等の間で感情や社会性の発達への注目度が高まってきている。幼児期に感情・社会的コンピテンスを習得していると、クラスメートや教師と良好な関係を築きやすい。また、授業への意欲が高まり、集中力も増すことから、小学校への移行がスムーズになる。ところが、感情・社会的コンピテンスが不足している場合、周囲とうまくいかず、学校環境への適応に困難を感じる子が多いことが多くの研究で報告されている（図 3-8）。

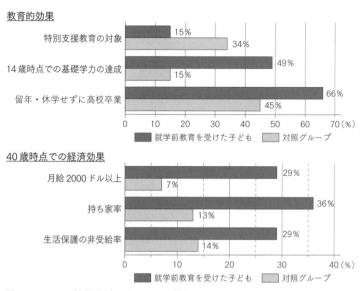

教育的効果

- 特別支援教育の対象 15% / 34%
- 14歳時点での基礎学力の達成 49% / 15%
- 留年・休学せずに高校卒業 66% / 45%

0 10 20 30 40 50 60 70（%）

■ 就学前教育を受けた子ども　□ 対照グループ

40歳時点での経済効果

- 月給2000ドル以上 29% / 7%
- 持ち家率 36% / 13%
- 生活保護の非受給率 29% / 14%

0 10 20 30 40（%）

■ 就学前教育を受けた子ども　□ 対照グループ

図3-9　ペリー就学前プロジェクトの効果 (Heckman, 2013/2015)

2 子どもと社会への長期的な影響

　感情や社会性の発達が子ども個人の人生だけでなく社会全体にどのように影響を与えるのかについても調査が進められている。代表的な例として、**ペリー就学前プロジェクト**という介入プログラムがある。このプロジェクトは、米国の低所得層家庭の幼児を対象に実施され、感情・社会性を含む社会的な側面の発達に重点を置き、毎日2時間の授業と週1回の家庭訪問による就学前教育が30週間継続して行われた（Heckman, 2013/2015）。その後、教育を受けた子どもと受けなかった子ども（対照グループ）を子どもが40歳になるまで追跡調査したところ、教育を受けた子どもの方が基礎学力の達成率や高校卒業率が高いなどの教育的効果に加え、持ち家率や生活保護の非受給率の高さなど社会への経済効果が見出された（図3-9）。これらの結果から、就学前教育への投資が与える社会的利益が非常に大きいことが明らかになり、教育や発達分野だけでなく経済分野でも就学前教育が注目されるようになってきている。

ペリー就学前プロジェクト：1960年代に米国の低所得層家庭の子どもを対象に実施された介入プロジェクト。長期にわたり追跡調査を行い、就学前教育の長期的な効果を探った。

6 感情・社会性の発達の支援

図 3-10　タートルテクニック
（Center on the Social and Emotional
Foundations for Early Learning の
教材より）

■1 エビデンスに基づく支援プログラム

　幼児期の感情や社会性の発達が子どもの社会生活に与える多大なインパクトが認識されるに従って、欧米を中心に発達支援プログラムが活発に開発され実施されてきている。それらの効果を調べるために実証実験が行われ、**エビデンス（科学的根拠）**が証明されたプログラムは広く幼児保育・教育機関や家庭での子育てに導入されるようになってきた。たとえば、タートルテクニック（図3-10）は子どもの感情制御や問題解決力の発達を支援する取り組みの一つで、米国の幼稚園などで広く取り入れられている。何か感情が高ぶる出来事があったとき、まず、自分の気持ちを認識し、次に一時停止、そしてカメのように丸まって深呼吸を3回、落ち着いたら解決策（例：「やめてね」と言う、先生に知らせる、無視する）を考える、という4ステップである。とてもシンプルで親しみやすいため、小さい子どもでも取り組むことができる。園によっては教室の中に「タートルスペース」（クッションやカメのぬいぐるみが置いてある一画）を設けており、感情が高ぶった子どもが自分で気持ちを落ち着かせる場として使っている。

エビデンス（科学的根拠）：特定の現象や効果等があるのかどうかを、実験や調査による研究データが示す確かな証拠。介入プログラムの場合、有効性の有無を証明する研究結果を指す。

表 3-2　親による感情教育の文化差 (Doan & Wang, 2010; Wang, 2001 より作成)

	個人主義	集団主義
1. 相互依存性	低い	高い
2. フォーカス	自主性	集団の和
3. 求められる資質	個性	協調性
4. コミュニケーションにおける感情表出	直接的かつオープン	抑制されクローズ（特にネガティブな感情）
5. 子どもに教えたいスキル	自分の気持ちをはっきりことばで伝える	集団内の他者の気持ちを読み取り、適切な反応（感情制御）をする
6. 感情会話における親の焦点	子どもの感情	他者の感情
7. 感情会話における親の取り組み	子どもが自身の感情をより深く理解するよう、感情体験の詳細を丁寧に聞く	感情は他者とのインタラクションの結果として生じるため、感情体験を振り返りながら社会で適切な行為・行動を教える

❷ 文化的価値観を考慮したプログラム

　前述したような支援プログラムの多くは、欧米の主流文化（主に白人文化）を基準に開発されていることから、近年、より効果的なプログラムにするために、実施する文化の価値観に合うようプログラムを調整する必要性が唱えられている (Hecht & Shin, 2015)。親子による**感情会話**を例にとってみると（表3-2）、**文化的価値観**が親の目標や取り組みに影響していることが明らかである (Doan & Wang, 2010; Wang, 2001)。また、表3-2 に示した個人主義と集団主義という 2 つの文化による教育のあり方にはかなりの違いがある。

　たとえば、多くのアジア諸国は集団主義的文化に分類されるが、日本では特に社会とのつながりや集団に属すること、そして他者への思いやりが重視される。この文化的価値観を教えるために、しばしば「孤独による寂しさ」が強調される (Hayashi et al., 2009)。すなわち、寂しさを理解することにより、子どもが社会とのつながりを求めるよう促し、また他者には思いやりの心を向けるよう育てるのである。子どもたちのより良い発達を支援するためには、それぞれの文化が持つ価値観をよく理解した上で、その良さを生かすことや、子どもたちすべてが平等にプログラムを受けられるよう取り組む必要がある (Hecht & Shin, 2015)。

感情会話：子どもの感情体験について振り返ったり、絵本読みの中で登場人物の感情について言及したりなどを通し、親子で感情について話すこと。

文化的価値観：文化グループで共有される中核となる考え方や物事の見方。善悪や許容可能か、重要かどうか等、物事の評価・判断基準となるもの。

■ 引用・参考文献

Bradbury, T. N. & Karney, B. R. (2014). *Intimate relationships* (2nd ed.). W. W. Norton.

Center on the Social and Emotional Foundations for Early Learning. *The Turtle Technique [handout]*. Retrieved from http://csefel.vanderbilt.edu/resources/strategies.html

Chen X. (2009). Culture and early socio-emotional development. In R. E. Tremblay, M. Boivin & R. DeV. Peters (eds), *Encyclopedia on early childhood development [online]*. http://www.child-encyclopedia.com/culture/according-experts/culture-and-early-socio-emotional-development

Denham, S. A. (1998). *Emotional development in young children*. Guilford Press.

Denham, S. A., Bassett, H. H. & Zinsser, K. (2012). Computerizing social-emotional assessment for school readiness: First steps toward an assessment battery for early childhood settings. *Journal of Applied Research on Children: Informing Policy for Children at Risk*, 3, Article 3.

Denham, S. A., Bassett, H. H., Way, E., Mincic, M., Zinsser, K. & Graling, K. (2012). Preschoolers' emotion knowledge: Self-regulatory foundations, and predictions of early school success. *Cognition & Emotion*, 26, 667-679.

Denham, S. A., Caverly, S., Schmidt, M., Blair, K. B., DeMulder, E., Caal, S., ... Mason, T. (2002). Preschool understanding of emotions: Contributions to classroom anger and aggression. *Journal of Child Psychology and Psychiatry*, 43, 901-916.

Denham, S. A. & Couchoud, E. A. (1990). Young preschoolers' ability to identify emotions in equivocal situations. *Child Study Journal*, 20, 153-169.

Doan, S. N. & Wang, Q. (2010). Maternal discussions of mental states and behaviors: Relations to emotion situation knowledge in European American and immigrant Chinese children. *Child Development*, 81, 1490-1503.

Dunn, J. (2004). *Children's friendships: The beginnings of intimacy*. Blackwell.

Hayashi, A., Karasawa, M. & Tobin, J. (2009). The Japanese preschool's pedagogy of feeling: cultural strategies for supporting young children's emotional development. *Ethos*, 37, 32-49.

Hecht, M. L. & Shin, Y. (2015). Culture and social and emotional competencies. In J. A. Durlak, C. E. Domitrovich, R. P. Weissberg & T. P. Gullotta (eds), *Handbook of social and emotional learning: Research and practice*. Guilford Press.

Heckman, J. J. (2013). *Giving kids a fair chance*. MIT Press. (ヘックマン, J. J., 古草秀子 (訳) (2015). 幼児教育の経済学 東洋経済新報社)

Lewitt, E. M. & Baker, L. S. (1995). School readiness. *Critical issues for Children and Youths*, 5, 128-139.

Miller, R. (2014). *Intimate relationships* (7th ed.). McGraw-Hill Education.

Parten, M. B. (1932). Social participation among pre-school children. *Journal of Abnormal and Social Psychology, 27*, 243-269.

Payton, J. W., Wardlaw, D. M., Graczyk, P. A., Bloodworth, M. R., Tompsett, C. J. & Weissberg, R. P. (2000). Social and emotional learning: A framework for promoting mental health and reducing risk behavior in children and youth. *Journal of School Health, 70*, 179-185.

Raver, C. C. & Knitzer, J. (2002). *Ready to enter: What research tells policymakers about strategies to promote social and emotional school readiness among three- and four-year-olds*. National Center for Children in Poverty.

Rose-Krasnor, L. (1997). The nature of social competence: A theoretical review. *Social Development, 6*, 111-135.

Shields, A., Dickstein, S., Seifer, R., Giusti, L., Magee, K. D. & Spritz, B. (2001). Emotional competence and early school adjustment: A study of preschoolers at risk. *Early Education and Development, 12*, 73-96.

Trentacosta, C. J. & Izard, C. E. (2007). Kindergarten children's emotion competence as a predictor of their academic competence in first grade. *Emotion, 7*, 77-88.

van der Wilt, F., van der Veen, C., van Kruistum, C. & van Oers, B. (2018). Popular, rejected, neglected, controversial, or average: Do young children of different sociometric groups differ in their level of oral communicative competence? *Social Development, 27*, 793-807.

Wang, Q. (2001). "Did you have fun?" American and Chinese mother-child conversations about shared emotional experiences. *Cognitive Development, 16*, 693-715.

Watanabe, N. & Kobayashi, T. (2018). Development of emotion knowledge in Japanese 5-year-olds: Link to their prosocial behaviors. In N. Watanabe (Chair), *How children perceive, learn, and understand emotions? Emotional development from early to middle childhood.* Paper symposium presentation at the International School Psychology Association 40th Annual Conference, Tokyo, Japan.

Watanabe, N. & Kobayashi, T. (2019). Computerization of an emotion knowledge assessment for preschoolers: Supporting their school readiness. Paper symposium presentation at the International School Psychology Association 41th Annual Conference, Basel, Switzerland.

Watanabe, N., Denham, S. A., Jones, N. M., Kobayashi, T., Bassett, H. H. & Ferrier, D. E. (2019). Working toward cross-cultural adaptation: Preliminary psychometric evaluation of the Affect Knowledge Test in Japanese preschoolers. SAGE Open, 9.

ひとり遊びをしていた子どもが絵本を二人で読んだり、他の子と一緒に遊ぶようになったりと、社会的なやりとりが始まる。

4章

なぜ「イヤ」って言いだすの？

自己と感情の発達

　本章では、身辺の自立が進み、「自分でしたい」という気持ちがふくらんで自己主張が強くなるトドラー期（1〜2歳の時期）から、自己制御能力が発達する幼児期後半（就学前の時期）までの子どもの姿を、エピソードと実証研究を通して学ぶ。子どもの自己主張について、身体・運動能力の発達、ことばの発達、自己の発達、感情の発達、養育者の受け止めとかかわり、文化といった多様な視点から捉えることによって、その発達的意味を理解する。

> **予習課題** 身近にいる幼児を観察してみましょう。彼らは、どのように自分の気持ちを表現し、周囲の大人は、その思いをどのように受け止めているでしょうか。
>
> **復習課題** 普段の生活で、あなた自身はどのように自己主張したり、自己抑制したりしていますか。ノートに書き出して、子ども時代の自己主張・自己抑制との違いを考えてみましょう。

1 イヤイヤ期の子どもたち

❶ トドラー期の発達的特徴

　乳児期の終わりから幼児期初期の1、2歳の時期はトドラー期とも呼ばれる。トドラー期に、子どもの身体・運動能力、**認知**能力、コミュニケーション能力は飛躍的に発達する。保育所保育指針（厚生労働省，2009）には、トドラー期の子どもの発達の姿が以下のように示されている。

　［おおむね1歳3ヵ月から2歳未満］　歩き始め、手を使い、ことばを話すようになることにより、身近な人や身の回りの物に自発的に働きかけていく。歩く、押す、つまむ、めくるなどさまざまな運動機能の発達や新しい行動の獲得により、環境に働きかける意欲を一層高める。その中で、物をやりとりしたり、取り合ったりする姿が見られるとともに、玩具などを実物に見立てるなどの**象徴機能**が発達し、人や物とのかかわりが強まる。また、大人の言うことがわかるようになり、自分の意思を親しい大人に伝えたいという欲求が高まる。指差し、身振り、片言などを盛んに使うようになり、二語文を話し始める。

　［おおむね2歳］　歩く、走る、跳ぶなどの基本的な運動機能や、指先の機能が発達する。それに伴い、食事、衣類の着脱など身の回りのことを自分でしようとする。また、排泄の自立のための身体的機能も整ってくる。発声が明瞭になり、語彙も著しく増加し、自分の意思や欲求をことばで表出できるようになる。行動範囲が広がり探索活動が盛んになる中、**自我**の育ちの表れとして、強く自己主張する姿が見られる。盛んに模倣し、物事の間の共通性を見出すことができるようになるとともに、象徴機能の発達により、大人と一緒に簡単なごっこ遊びを楽しむようになる。

　トドラー期には、このように自分でできることが増え、身辺の自立が始まる。実際にはうまくできない場面もあるものの、「自分でしたい」という意欲を持って、おかずをスプーンですくって食べようとしたり、衣服の袖に手を通してみたりする。ことばも発達し、「○○と××、どっちがいい？」といった問いかけに対して「コッチ」などとことばで答えたり、「〜してみたら？」といった誘いかけや指示を理解するようになる。

認知：「知ること（knowing）」。知覚、注意、記憶、学習、判断、思考などの脳機能活動全体を指す。

象徴機能：バナナを電話に見立てるなど、所記（あらわされるもの、例：電話）とは異なる能記（あらわすもの、例：バナナ）によって、所記を表すはたらき。

自我：自己意識。ここでは、意識の主体としての自己と、意識の対象としての自己をまとめて自我とする。

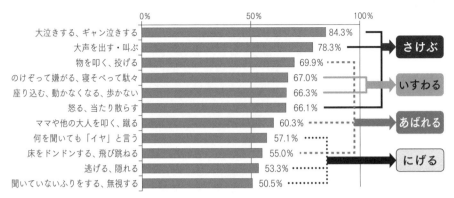

図 4-1　子どもの「イヤイヤ」の気持ちの表現方法 （博報堂こそだて家族研究所, 2018 より抜粋）
注：調査対象は、0〜5歳の子どもをもつ女性 1200 名。

2 「イヤイヤ」の意味

「自分でしたい」ことができたとき、私たちは達成感や誇りなどの感情を経験する。しかし、「自分でしたい」という思いは、必ずしも結果に結びつかない。トドラー期には、自分でやろうとした際に、思うようにできないことが多く、途中で大人から手助けされたり、制止されたりすることもある。大人からの提案や手助け、制止などの働きかけに対して、子どもは、しばしば激しく泣いたり、ものや人を叩いたり、床に寝転がって身体を反らして抵抗したり、足を踏み鳴らしたり、逃げたり、聞こえないふりをしたりして、「イヤイヤ」の気持ちを表現する（図4-1）。気持ちの切り替えや感情調整の難しさから、かんしゃくが続くこともある（感情調整の発達については、5節を参照）。

　この時期の子どもたちは、その対応の難しさから「魔の2歳児（terrible twos）」と称される。子どもの強い自己主張に、養育者が苦慮する場面は少なくない。しかし、この「イヤイヤ」は、自我の発達の表れであり、単純にわがままと捉えられるものではない。自分の思いを表現したり、思い通りにならないことがあることを経験したり、いったん崩れた感情を再び養育者に立て直してもらう経験は、健全な心の発達にとって肝要である。

> 　夜中に目覚めて「ジャージャ（牛乳）」と言いながら激しく泣く。母が牛乳を哺乳びんに入れて持ってゆくと、飲もうとしない。哺乳びんを手にとってはみるのだが、飲もうとしないで「ジャージャ　ジャージャ」と言って哺乳びんを放り投げて泣く。そして母の手をつかみ、寝室の出口の方を指して（「あちらへ取りに行け」というようなしぐさをしながら）「ジャージャ」「ジャージャ」と言って泣く。何度試みても泣きつづけるので、母に出て行けと言っているのかと考え、母が出口から出て行き、トイレに行ってから帰ってみるがやはりダメである。いろいろな試みをした後、ついには哺乳びんを母がつかんでいったん廊下へ出て行き、しばらく時間をおいてからその同じ哺乳びんを持ってくると、すぐ泣きやんで飲み始める（母が哺乳びんを取りに出口から出て行き、その後で牛乳をもらうという手順をふまねばいけなかったらしい。最初寝ぼけていたので、母が出て行ったのを知らなかった）。

図 4-2　「つもり」が満たされない 1 歳 6 ヵ月児のかんしゃく (山田, 1983 より)

■ トドラー期の要求－拒否の自己主張

　「自己」の発達途上にあるトドラー期の子どもは、実際にどのような「イヤイヤ」を見せるのだろうか。トドラー期の自己主張は、何かをしたい／何かがほしいといった要求と、何かをしたくない／してほしくないといった拒否が中核となっている。

　図 4-2 には、夜中に目覚めて牛乳を飲みたいと泣く 1 歳 6 ヵ月児のエピソードを示した。この子どもは牛乳を要求している。そこで、母親が牛乳を哺乳瓶に入れて手渡すのだが、なぜかそれを放り投げて拒否する。母親による試行錯誤の結果、「こういう手順を踏んで牛乳をもらう」という自分の「つもり」が満たされないことに対して、かんしゃくを起こしていたことがわかった。自我やイメージする力が育ち、「こうしたい」という気持ちや、「こうするつもり」というイメージが明確になると、その通りにならなかったときに、泣いたり怒ったりして自己主張をするようになる。こうした「つもり」は、大人にとっては些細なことのように感じられるが、子ども本人にとっては大切な思いなのである。

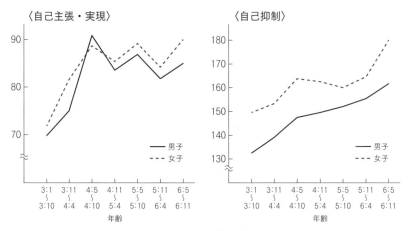

〈自己主張・実現〉

〈自己抑制〉

図 4-3　3 〜 6 歳の自己主張と自己抑制の発達的変化（柏木, 1988 より）

２ 3 歳以降の自己主張と自己抑制

　トドラー期の子どもは、**行動の自己制御**能力が十分に発達していないが、幼児期を通して、徐々に、「イヤだけど我慢する」「他者の気持ちを思いやって主張を調整する」といったことができるようになってくる。

　自己制御は、「自分の欲求や意志を明確に持ち、これを他人や手段の中で表現し主張する」という自己主張的側面と、「集団場面で自分の欲求や行動を抑制、制止しなければならないときにそれを抑制する」という自己抑制的側面の 2 つの側面から捉えられる（柏木, 1988）。

　自己制御としての自己主張と自己抑制は、3 歳以降に大きく発達する。自己制御としての自己主張は、単に自分の要求を主張するということとは異なり、状況を考慮した上での適切な主張であると考えられる。柏木（1988）によると、この自己主張は、3 歳前半から 4 歳後半にかけて増加し、その後はゆれが目立ち、ときに停滞・後退を見せる。他方で、自己抑制は、3 歳から 6 歳後半にかけて緩やかに増加し、停滞・後退はあまり見られないこと、女児の方が男児よりも一貫して高いことが示されている（図 4-3）。

行 動 の 自 己 制御：自分の意志・意図にもとづいて、目標指向的に自分の行動を統御するはたらき（柏木, 1988）。

3 自分がわかる

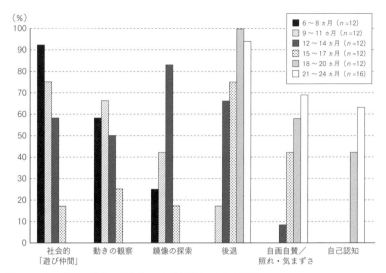

図 4-4　6 ～ 24 ヵ月児の鏡に映った自己像に対する行動（Amsterdam, 1972 をもとに作成）
注：各行動を示した子どもの割合（％）を示した。

■1 自己認知

自己認知：自分
について認識す
ること。なお、
マークテストの
反応については、
自己認知の表れ
と解釈する立場
だけでなく、自
己身体の認識の
表れと解釈する
立場もある。

　トドラー期の子どもは、自己と他者を徐々にはっきりと区別するよう
になり、自分という存在を意識して、「自分でしたい」「自分のもの」と
いう思いを主張する。子どもが自己を認識しているか否か、すなわち
自己認知を調べる有名な実験方法に「マークテスト」（Amsterdam, 1972）
がある。このテストでは、子どもが気づかないうちに、顔に口紅などで
マークをつけてから鏡を提示し、鏡に映った自己の姿に対して、どのよ
うな反応をするかを見る。実際の自分の顔についたマークを触った場合、
鏡に映った自己を「自己」として認識している（自己認知が成立している）
ものと解釈し、テストに通過したとみなされる。1 歳半以前の子どもは
マークテストに通過することが難しく、鏡に映っている自分の顔のマー
クを触ろうとしたり、鏡の裏側をのぞき込んだりすることが示されてい
る（図 4-4）。また、鏡の中の他者認知は自己認知に先行し、鏡に映った
自己の姿が自己であることを認識する前に、鏡に映った他者（たとえば、
母親）の姿が、その他者のものであることを理解する（百合本, 1981）。

図4-5　自分の領域・他者の領域の分化とものの貸し借り（西川, 2003 をもとに作成）

２ 「自分のもの」の認識

　「自己」を意識するようになると、それまで他者から「貸して」と言われると素直に渡していた子どもが、頑なに貸したがらなくなることがある。たとえば、「自分のもの」だと思っている共有のおもちゃを他者が使っているのを見つけると、別の場所で遊んでいたのにわざわざ奪い返しに行くといった行動が見られる。西川（2003）は、この時期の「○○ちゃんの」という自己主張について、次のように考察している（図4-5）。**自他の領域が未分化**な状態で貸してあげられることは、単にものの所有がわかっていないだけである。自分の領域がわかり始め、「○○ちゃんの」を意識する一時期、「貸してあげたくない」という気持ちが大きくなる。そこで周囲の人々に「××は○○ちゃんのものだね」と認めてもらう経験を経て、徐々に自分の領域と他者の領域がはっきりと区別されるようになる。両者が区別されると「自分のものだけど貸してあげる」「他者のものだから貸してと言おう」と、自他の領域を認めた上で貸し借りができるようになるのである。

　このように「自分のもの」と「他者のもの」がわかることは、社会的相互作用の発達にとっても非常に重要である。

自他（の領域）の未分化：自分（の領域）と他者（の領域）を区別できず、そのために両者を同一であると捉えていること。

4 他者から見た自分を意識する

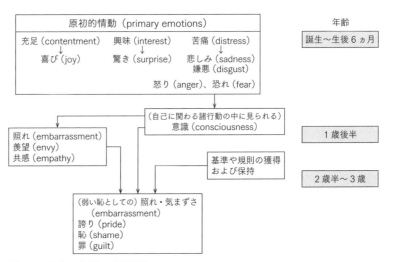

図 4-6　生後 3 年間の感情発達 (Lewis, 1993 を遠藤, 1995 が改変)

1 乳幼児期の感情発達

　何かを達成したときの喜び、失敗したときの苛立ちなど、子どもはさまざまな感情を経験し、表出する。感情の出現の発達に関する統一した見解はないものの、ルーイス（Lewis, 1993）によれば、新生児は、充足（快）、興味、苦痛の 3 種類の原初的な情動を備えている。生後 3 ヵ月頃までに、充足から分化した喜びが見られ、養育者の働きかけに対して笑ったりするようになる。また、苦痛から分岐した悲しみや嫌悪も見られる。4 〜 6 ヵ月頃には、手足の動きが抑止された際などに怒りの表出が、6 〜 8 ヵ月頃には、未知の状況や未知の人と直面した際などに恐れの表出が見られるようになる。興味から分岐した驚きも、生後 6 ヵ月頃までに現れ、期待と異なる経験をしたり、新たな発見をしたりした際に驚きの表情が観察される。1 歳後半頃からの自己意識の発達に伴って、照れ、羨望、共感などの感情が現れる。さらに、2 歳半〜 3 歳頃の**自己評価**の発達に伴って、照れ・気まずさ、誇り、恥、罪などの感情が出現する（図 4-6）。3 歳頃には、大人と同様の主要な感情が存在すると考えられている。

自己評価：ある基準に対して自分はどうかについての、自分自身による判断・評価。

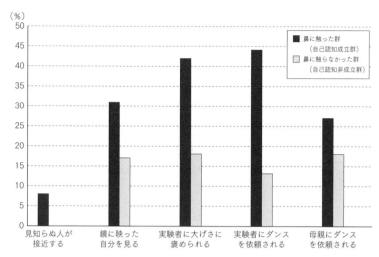

図 4-7 さまざまな場面で、照れ・気まずさを表出した子どもの割合 (Lewis et al., 1989 をもとに作成)

❷ 自己意識的感情と自己認知のかかわり

照れは、他者から見られた自分を意識することで生じ、羨望は、自他の比較により生じる。共感は他者の感情への気づきから生じる。また、誇り、（弱い恥としての）照れ・気まずさ、恥、罪は、自己評価と関連する感情である。誇りは、子どもが基準に達したと感じた場合に生じ、照れ・気まずさ、恥（自己全体に焦点化した感情）、罪（自己の行為に焦点化した感情）は、基準に達しなかったと感じた場合に生じる。1歳後半以降に出現するこれらの感情を総称して、自己意識的感情という。

ルーイスら（Lewis et al., 1989）は、平均月齢22ヵ月の子どもを対象にマークテスト（3節参照）を実施し、子どもが気づかないうちに鼻に口紅でマークをつけて鏡を提示した。鏡に映った自己の姿を見た際に、自分の鼻についたマークを触った群を自己認知成立群、自分の鼻に触らなかった群を自己認知非成立群として、これら2群のさまざまな場面での感情表出を観察した。その結果、自己認知成立群は、自己認知非成立群と比べて、大げさに褒められたり、実験者や母親の前で踊るように要求されたりした際に、照れ・気まずさを表出することが示されている（図4-7）。

5

自己の発達と感情調整

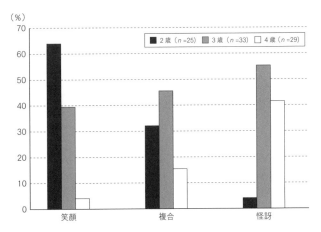

図4-8　2〜4歳児の脈絡のない褒めに対する感情反応の割合 (加用, 2002をもとに作成)
注：複合は、怒りながらも笑うなど単純に判定しがたい反応を指す。なお、笑顔と怪訝の反応
　　例は本文中に示した。

1 褒めと感情

　自己認知の成立している2歳前の子どもが、自己認知の成立していない同年齢の子どもと比べて、大げさな褒めに対して、照れ・気まずさを示すとの知見 (Lewis et al., 1989；4節参照) がある一方で、より年長の子どもと比較した場合、2歳児が、大人からの脈絡のない褒め言葉を喜んで受け止めることも示されている。加用 (2002) は、2〜4歳児を対象に、保育所の**自由遊び**時間の中で、直前5分間に他者から評価されるような事柄が起きていない場面において、実験者から「○○ちゃん、すごい！」と褒められた際の子どもの反応を観察した。その結果、2歳児では笑顔の反応 (得意げに笑う、照れ笑いなど) が高い比率で見られたが、笑顔の反応は年齢とともに減少した。他方で怪訝の反応 (疑わしそうな表情など) は、3、4歳児に多く見られた (図4-8)。3歳以降の子どもには、褒めの理由を尋ねる反応も見られた。脈絡のない褒め言葉を字義通りに受け取って素朴に喜ぶという2歳児の反応からは、さまざまなことができるようになった自分への誇りや、目には見えない心に関する認知 (5、6節参照) がいまだ発達途上にあることがうかがえる。

自由遊び：子どもが自分自身の興味・関心に合わせて自主的、自発的に行う遊び、または一斉保育の活動の前後や間に自分で決めて行う遊び。

❷ 感情理解と感情調整

トドラー期の「イヤイヤ」を通した要求−拒否の自己主張は、自分の感情を調整することの難しさにも起因する。イヤイヤ期は、大人の視点からは、対応に苦慮する「**反抗期**」とも捉えられるが、子ども自身にとっても、自分のネガティブ感情を十分にコントロールすることができない苦難の時期なのである。

幼い子どもは、養育者の目を通して自己の感情を理解し、養育者の働きかけによって自己の感情を調整する。自己認知が成立する1歳半頃を境に、感情調整は受動的で他律的な方略から、より能動的で自律的な方略へと発達していく（cf. Grolnick et al., 1998；坂上, 1999）。しかし、強いネガティブな感情状態への対処には、いまだ養育者の補助が必要であることも多く、子どもは、養育者に自分自身の感情を代弁してもらい、**ストレッサー**を取り除いてもらい、なだめてもらうことで感情の立て直しを図る。そうした経験を通して、子どもはしだいに自分の内的感情経験についての理解を深め、自分自身で感情をコントロールするための方略を洗練させていく。また、子どもの発達に応じて大人の働きかけも変化する。生後3〜18ヵ月児のストレスフルな場面での反応に対する養育者の働きかけを調べた研究からは、養育者は、より年少の子どもにはなだめたりストレッサーを取り除くよう働きかけるのに対し、年長の子どもには感情調整に役立つ対処方略の情報を与えることが示されている（Karraker et al., 1994）。

2歳頃になると、ことばの発達に伴って、表情などの非言語的シグナルだけでなく、「悲しい」などの感情語を用いて感情経験を他者に伝達するようになる（Bretherton & Beeghly, 1982）。また、自分の感情を引き起こす原因についても理解するようになり、テレビの悪役キャラクターを指して「こわい」と養育者に伝えたりする。ことばの発達によって、徐々に養育者の側も子どもの感情の原因を理解しやすくなり、感情調整を支えやすくもなる。3、4歳以降には、期待外れのプレゼントを受け取った際に笑顔を表出するなど、ネガティブ感情の表出を自ら調整する姿も見られるようになる（Cole, 1986）（感情理解の発達については3章4節を参照）。

反抗期：2歳頃の自我の芽生えによる第一次反抗期と、思春期の親からの心理的分離のプロセスで現れる第二次反抗期があるとされる。ここでは前者を指す。

ストレッサー：ストレスの原因。

6

子どもとどうかかわる？

表4-1　子どもの反抗・自己主張に対する母親の受け止め (坂上, 2003)

言及された内容とその分類	言及した人数とその割合（%）		
	出生順位別		全体 (N = 24)
	第1子 (n = 16)	第2, 3子 (n = 8)	
肯定的意見			
成長（自我・好奇心の芽生え）の認識と肯定的感情	6 (37.5)	4 (50.0)	10 (41.7)
安心感	2 (12.5)	0 (0.0)	2 (8.3)
否定的意見			
苛立ち・困惑とそれらに関連した対応 （叩く、本気で怒るなど）の増加	14 (87.5)	2 (25.0)	16 (66.7)
困難の予期（「これからが大変」など）	2 (12.5)	1 (12.5)	3 (12.5)
中立的意見			
反抗期が始まったことの認識（「来た来た」「始まった」など）	7 (43.8)	3 (37.5)	10 (41.7)
個性の認識（「もともと頑固な子」「きつい性格の子」など）	0 (0.0)	5 (62.5)	5 (20.8)
上のきょうだいのときに比べて余裕がある	−	5 (62.5)	5 (20.8)

注：複数回答あり。

◾ 「イヤイヤ」の受け止め

社会的ルール：
公共の場では騒
がないなど、そ
の社会において
人々が「こうす
るべき」と考え、
信じている行動。

　子どもがことばを理解し、自己主張がはっきりしてくると、養育者は
しつけを通して、**社会的ルール**や感情調整の方略などについて伝え始め
る。ただし、子どもの無理な要求に対して、行為を禁止し制止すること
と、子どもの「〜したい」という気持ちを受容することは別である。規
範を強く示すことのみに傾きすぎて子どもの気持ちを全面否定してしま
うと、主体としての自己の発達が妨げられる可能性がある (鯨岡, 2002)。

　また、子どもの変化に対して、養育者の側も適応を迫られることとな
る。2歳前後の子どもの反抗や自己主張に対して、養育者は、成長の表
れとして肯定的に捉えて受容的な対応をしようと試みながらも、同時
に苛立ちや困惑も経験し、本気で怒るなどの対応をとる場合がある（表
4-1）。イヤイヤ期の子どもの養育者は、このような矛盾や葛藤を経験す
る中で、親である自己の視点（例：言うことを聞かないので腹が立つ）と子
どもの視点（例：眠かっただけ）の調整を図りながら、相互の理解や譲歩
による解決方法を獲得していくとされる (坂上, 2003)。

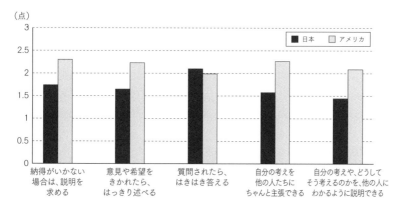

（点）

図 4-9　日米の母親の言語による自己主張への発達期待（柏木・東，1977 をもとに作成）
注： 各項目がいつ頃までに達成されていたらよいと思うかについて、4 歳になるまで（3 点）、4
　〜5 歳頃（2 点）、6 歳過ぎ（1 点）で回答を求め、国別の平均値を示した。

❷ 養育者のかかわりの文化差

　文化・社会によって、望ましい行動様式や対人関係のあり方は異なる。
たとえば、欧米では、他者と意見が対立する場面で、他者や環境を変え
ることで問題解決しようとする傾向が見られるのに対し、日本では、自
分の側を変えることによって問題解決や状況の改善を試みる傾向が強い
（Rothbaum et al., 1982）。**文化的価値観**の違いは、子どもの発達への期待、
ひいてはしつけ方略の違いにも反映される。

　柏木・東（1977）の調査によると、言語による自己主張の多くの項目
について、日本の母親よりもアメリカの母親の方が早い発達を期待して
おり（図 4-9）、日本の母親はアメリカの母親と比べると自己主張に重き
を置いていないことがうかがえる。また、日英の比較文化研究からは、
イギリスの母親が自己主張と自己抑制の両面を重視するのに対し、日本
の母親は自己抑制を重視していることも示されている（佐藤，2001）。2
節の図 4-3 に示したように日本の幼児の自己抑制は年齢に伴って上昇す
るのに対して、自己主張は 5 歳以降に停滞する。この結果には、自己主
張よりも、自己抑制して他者と共生することを重視する日本の文化的価
値観が影響しているものと考えられる。

文化的価値観：
個人の能力の発
揮よりも他者と
の良好な関係の
維持を重視する
など、特定の文
化の中で共有さ
れている価値観。

■ 引用・参考文献

Amsterdam, B.（1972）. Mirror self-image reactions before age two. *Developmental Psychobiology*, 5, 297-305.

Bretherton, I. & Beeghly, M.（1982）. Talking about internal states: The acquisition of an explicit theory of mind. *Developmental Psychology*, 18, 906-921.

Cole, P. M.（1986）. Children's spontaneous control of facial expression. *Child Development*, 57, 1309-1321.

遠藤利彦（1995）. 乳幼児期における情動の発達とはたらき　麻生武・内田伸子（編）講座発達心理学2　人生の旅立ち ── 胎児・乳児・幼児前期（pp.129-162）　金子書房

Grolnick, W. S., Kurowski, C. O., McMenamy, J. M., Rivkin, I. & Bridges, L. J.（1998）. Mothers' strategies for regulating their toddlers' distress. *Infant Behavior and Development*, 21, 437-450.

博報堂こそだて家族研究所（2018）. イヤイヤ実態調査　第二弾　https://www.hakuhodo.co.jp/uploads/2018/02/20180223.pdf

Karraker, K. H., Lake, M. A. & Parry, T. B.（1994）. Infant coping with everyday stressful events. *Merrill-Palmer Quarterly*, 40, 171-189.

柏木惠子（1988）. 幼児期における「自己」の発達 ── 行動の自己制御機能を中心に　東京大学出版会

柏木惠子・東洋（1977）. 日米の母親における幼児への発達期待及び就学前教育観　教育心理学研究，25, 242-253.

加用文男（2002）. 幼児のプライドに関する研究　心理科学，23, 17-29.

厚生労働省（2009）. 保育所保育指針（2009年度版）

鯨岡峻（2002）.〈育てられる者〉から〈育てる者〉へ ── 関係発達の視点から　NHK出版

Lewis, M.（1993）. The emergence of human emotions. In M. Lewis & J. M. Haviland（eds）, *Handbook of emotions*（pp. 223-235）. New York: Guilford Press.

Lewis, M., Sullivan, M. W., Stanger, C. & Weiss, M.（1989）. Self development and self-conscious emotions. *Child Development*, 60, 146-156.

西川由紀子（2003）. 子どもの思いにこころをよせて ── ○、一、二歳児の発達　かもがわ出版

Rothbaum, F., Weisz, J. R. & Snyder, S. S.（1982）. Changing the world and changing the self: A two-process model of perceived control. *Journal of Personality and Social Psychology*, 42, 5-37.

坂上裕子（1999）. 歩行開始期における情動制御 ── 問題解決場面における対処行動の発達　発達心理学研究，10, 99-109.

坂上裕子（2003）．歩行開始期における母子の共発達――子どもの反抗・自己主張への母親
　　の適応過程の検討　発達心理学研究, 14, 257-271.

佐藤淑子（2001）．イギリスのいい子　日本のいい子――自己主張とがまんの教育学，中公
　　新書

山田洋子（1983）．0〜2歳における要求－拒否と自己の発達　教育心理学研究, 30, 128-
　　138.

百合本仁子（1981）．1歳児における鏡像の自己認知の発達　教育心理学研究, 29, 261-266.

デジタル社会にひそむリスク

　デジタル社会を迎えて、子どもたちがスマホなどの電子デバイスや、テレビ、さらにビデオゲームなどに費やす時間が増えている。下の図は、2歳から17歳までの子どもたちがスクリーンに向かうことに費やしている時間を示したものである。2歳でも電子デバイスに30分以上、テレビやビデオゲームに1時半近く、トータルして2時間ほど費やしていることになる。15歳以上になると4時間半という長さである。この時間が長くなると、落ち着かない、好奇心がなくなる、などの問題が指摘されている。問題の背景に多くの要因が考えられるが、スクリーンに費やす時間と引き換えに、友だちや周囲の人との社会的な交流の時間が少なくなり、心の発達に望ましくない影響が生じることが危惧される。

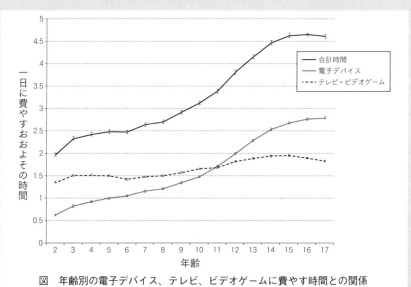

図　年齢別の電子デバイス、テレビ、ビデオゲームに費やす時間との関係
(Twenge & Campbell, 2018)

■参考文献

Twenge, J. M. & Campbell, W. K. (2018). Associations between screen time and lower psychological well-being among children and adolescents: Evidence from a population-based study, *Preventive Medicine Reports*, 12, 271-283.

5章

なぜ「どうして」と言いたがるの？

幼児期の認知と思考

　ことばを話し始めた幼児は、周囲の大人に対してたくさんの質問をしてくる。そのような質問行動は幼児の知的好奇心の表れであり、質問とそれに対する大人の回答を通じて、子どもは周囲の世界についてさまざまな知識を得ていく。本章では、人が身の回りの事物についての認識をどのように発達させていくかについて、まずピアジェの認知発達段階を取り上げて概観する。次に幼児期の子どもの認知の特徴を、ものの世界についての認知と人の心に対する認知の両面から学ぶ。授業を通じて、幼児が持っている大人とは異なる特有のものの見方や考え方について理解することを目的とする。

> **予習課題** 身近にいる子どもやテレビ・動画の中の子どもの発話に耳を傾け、「どうして？」「なぜ？」という問いが発せられるのはどのような場合かを考えてみましょう。
>
> **復習課題** 幼児期の子どものものの見方や考え方で、大人と大きく違うのはどのようなところかを考えてみましょう。また身近に子どもがいれば、ここで紹介されている実験課題を試してみましょう。

1 知りたいという気持ち

表 5-1 子どもの会話に見られる質問タイプの分類 (Chouinard, 2007)

質問タイプ		発話例
情報探索	事実	「それなに？」「ボールはどこに行った？」
	説明	「どうして赤ちゃんは泣いているの？」 「どうやってそれを描いたの？」
非情報探索	注意	「ねえ、お母さん？」
	解明	「なんて言ったの？」
	行為	「これ直してくれる？」
	許可	「リンゴを食べてもいい？」
	遊び	（人形に）「お腹空いたの？」
	赤ちゃん／動物	（年下のきょうだいに）「お腹空いたの？」

■ 子どもの知的好奇心と質問行動

　乳児の視線行動を用いた研究から、子どもは生まれて間もない時期から身の回りの環境に関心を示し、積極的に情報を探索していることがわかっている（第2章参照）。1歳を過ぎてことばを話し始めると、子どもの知的好奇心は周囲の大人に対して「なぜ？」「どうして？」と頻繁に尋ねる姿として表れるようになるが、このような質問行動は子どもの認知能力を発達させる重要な鍵となると言われている（Harris, 2012）。

　Chouinard（2007）は、4名の子どもの1歳2ヵ月から5歳2ヵ月までの家庭における大人との会話データベースの中から2万4741個の質問を収集した。これを時間当たりで計算すると、子どもは1分間に1〜3個もの質問をしていることになるという。それらの質問は、相手から特定の情報を引き出すことを意図する質問（情報探索）と、大人の注意を引きつける、大人からの許可を得るなどを意図した質問（非情報探索）に分類された（表5-1）。この2種類の出現比率を調べた結果（図5-1）、どの年齢においても情報探索を意図した質問が全体の3分の2程度を占めていることが示され、子どもは話し始めの時期から相手から何らかの情報を得るための質問を多くしていることがわかる。

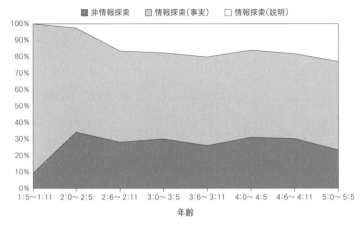

凡例: ■ 非情報探索　■ 情報探索(事実)　□ 情報探索(説明)

縦軸: 0%, 10%, 20%, 30%, 40%, 50%, 60%, 70%, 80%, 90%, 100%

横軸（年齢）: 1:5〜1:11　2:0〜2:5　2:6〜2:11　3:0〜3:5　3:6〜3:11　4:0〜4:5　4:6〜4:11　5:0〜5:5

年齢

図 5-1　子どもの会話に見られる各質問の出現比率（Chouinard, 2007 より作成）

❷「どうして？」という問いの意味

　Chouinard（2007）において、情報探索のための質問はさらに、「なぜ？」「どうして？」「どうやって？」など、対象物や出来事についての因果的説明を求める質問（説明）と、そのような因果的説明に関わらない事実についての質問（事実）とに分類されているが（表 5-1）、後者は1歳台ではほとんど見られないものの、2歳以降に徐々に増加していく（図 5-1）。さらに Chouinard（2007）は、これらの質問に対して大人がどのように反応するかについても分析しているが、どの年齢においても子どもの求める情報を提供する回答が 60 〜 80% 見られただけでなく、その一部は質問された内容以上の付加的な情報を与えるものであった。子どもはこのように因果についての質問をしてその回答を得る経験を繰り返すことによって、日常世界で出会うさまざまな出来事を説明・予想し、最終的にはコントロールすることができるようになるという（Goswami, 1998/2003）

　質問をするためには、自分がそのことについて知らないという自覚や、他者を自分に情報をもたらしてくれる仲介者であるとみなすことが必要であり、子どもは非常に幼い時期からこれらを直感的に理解していることがわかる（Leslie, 2014/2016）。

赤ちゃんから子どもへ

表 5-2　ピアジェの認知発達段階 (中垣, 2013；子安, 2016a より作成)

時期	下位段階	特徴
感覚運動期	反射 (〜1ヵ月)	反射によって刺激に応答する。
	第1次循環反応 (〜3ヵ月)	指しゃぶりなど、偶然生じた興味のある現象の繰り返しや、その習慣化。
	第2次循環反応 (〜8ヵ月)	物に偶然手があたり物が動くとそれを繰り返すなど、興味のある対象操作の繰り返し。
	2次的シェマの協応による目的と手段の分化 (〜1歳)	欲しいものを手に入れるために妨害物を取り除くなど、目的に応じて手段を用いる。
	第3次循環反応 (〜1歳半)	物を落とすなどの同じ行為でも、少しずつやり方を変えてその結果をみる能動的実験を行う。
	行為シェマの内化と表象の成立 (〜2歳)	目的と手段の関係が内化されることにより、試行錯誤をしなくても洞察によって解決できる。
前操作期	前概念的思考の段階 (〜4歳)	表象を用いて事物を捉えるようになり、象徴機能が現れるが、概念的思考はまだない。
	直観的思考の段階 (〜7歳)	見かけに左右されるという限界を持ちつつも、概念的思考が可能になる。
具体的操作期 (〜11歳頃)		さまざまな論理操作が可能になるが、思考材料の具体性にしばられ、同じ形式の問題でも内容によってできたりできなかったりする。
形式的操作期 (11歳以降)		論理の形式と内容を分け、仮説検証的な推理を行う。

■1 ピアジェの認知発達段階

　ピアジェ (Piaget, J.) は子どもの認知発達のさまざまな側面について、数多くの実験や観察によって明らかにしてきた。ピアジェの理論において特に重要な概念として、認識の枠組みである「シェマ (Schema)」、すでに持っているシェマを用いて外界から情報を取り入れる「同化 (assimilation)」、すでにあるシェマでは対応できない場合にシェマそのものを変えていく「調節 (accomodation)」、同化と調節のバランスをとりながら認識を次の段階へと発達させる「均衡化 (equilibraction)」などがある。ピアジェによる認知発達段階では、誕生からおよそ2歳頃までを感覚運動期、2歳から7歳頃までを前操作期、7、8歳から11歳頃までを具体的操作期、11歳頃以降を形式的操作期としている (表5-2)。なおここでいう「操作 (operation)」とは、たとえば最初は指を折って足し算をしていたのが暗算でできるようになるとともに、その足し算に対応する引き算があることを理解するというように、外的な行為が内化されかつ**可逆性**を獲得したものを指す。

可逆性：あるシェマが行う変換を打ち消すシェマがその全体構造に存在すること。

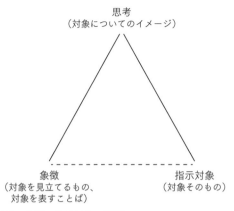

図 5-2　思考、象徴、指示対象の関係 (Ogden & Richards, 1923/1967 より作成)

❷ 象徴機能の発達

　ピアジェの発達段階によれば、感覚運動期の子どもは「今・ここ」での外的な行為を通じて環境とかかわるのに対して、前操作期に移行する時期（2歳前後）になると、目の前にないものを頭の中で思い浮かべる表象機能の出現によって、「今・ここ」を超えた時間的・空間的広がりを持った認識が可能になるとされている。このような表象の機能は、以前に目にした他者の動作を時間が経ってから再現する延滞模倣に表れる。

　さらに、この時期は子どもの遊びの中で「見立て」や「ふり」が盛んに現れるようになる時期でもある。たとえば子どもが積み木を電話に見立てて耳に当てて遊んでいるとき、子どもは指示対象である電話について何らかの知識やイメージ（思考）を持っており、そのような知識やイメージを通じて、電話という表されるもの（指示対象）と、積み木という表すもの（象徴）が結びついている（図5-2）。このときの電話と積み木は本来無関係なものであるが、見立てという行為によって結びついており、このような関係は対象そのものとそれを表すことばの間にもあてはまる。見立てやことばのように、ある対象を別のもので表す心の働きのことを象徴機能と呼ぶ。

3 見かけに左右される

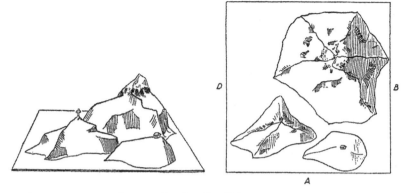

図 5-3　ピアジェの「3 つの山問題」の提示刺激 (Piaget & Inhelder, 1948/1956)

1 自己中心性

　ピアジェは前操作期（2〜7歳）の子どもの認識の特徴を、「自己中心性（egocentrism）」ということばで表している。これは子どもの言語と思考がまだ十分に社会化されておらず、自分とは異なる視点に立って話したり考えたりできない様子を指しており、自己の利益や主張を優先する利己主義とは異なるものである（子安, 2016b）。

　ピアジェが子どもの自己中心性について明らかにするために行ったさまざまな実験の中に「3つの山問題」がある。提示刺激として図5-3のような3つの山の模型を用いるが、この模型では正面のAの位置から見て右側の低い山の頂上に家が、左側のそれより少し高い山の頂上に十字架がある。子どもはAの位置に座って、提示刺激と同じ3つの山の模型を使ってB, C, Dの位置から見える風景を再現する、あるいはA〜Dのいずれかの位置に人形を置いて、人形から見える風景に最も近い絵を選ぶことを求められる。4歳頃になると問題の意味を理解して取り組めるようになるものの、前操作期の子どもはどの位置からの見え方を問われたとしても、自分のいる位置から見える風景をそのまま再現する傾向にあり、自他の視点を区別するのに限界があることがわかる。

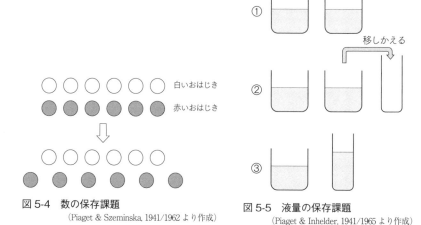

図 5-4　数の保存課題
(Piaget & Szeminska, 1941/1962 より作成)

図 5-5　液量の保存課題
(Piaget & Inhelder, 1941/1965 より作成)

白いおはじき

赤いおはじき

移しかえる

❷ 保存課題に見られる子どもの思考

　前操作期（2〜7歳頃）の認識の特徴である自己中心性は**保存**課題にも見られる。図 5-4 は数の保存課題である。白いおはじきと赤いおはじきをそれぞれ 6 個ずつ同じ間隔で並べ、どちらも同じ個数であることを確認する。次に子どもの見ている前で、赤いおはじきの置かれている間隔を広げて列を長くし、「どちらのおはじきの数が多いか。それとも同じか」を尋ねる。すると、前操作期の子どもは列の長さに注目して、「赤いおはじきの方が多い」と答える傾向にある。同様に、図 5-5 は液量の保存課題である。大きさと形が全く同じである 2 つの容器に同じ高さで水を入れ、水の量が同じであることを確認する。その後、子どもの見ている前で右側の容器の水をもとの容器よりも細い容器に移しかえ、「どちらの方が水が多いか。それとも同じか」を尋ねる。前操作期の子どもは水の高さにのみ注目して、「移しかえた方が多い」と答えることが多い。

　このように見た目の変化によって数や液量が変化したと考えるのは、変化が起こった特徴にのみ注目するという自己中心性により、同時に変化しているはずの別の特徴を考慮することが困難であるからである。

保存：対象の見た目や形が変わっても、数などの性質が変化しないこと。子どもの保存の概念は数と量、重さ、体積の順に成立するとされている。

4 ものの世界を理解する

■ アニミズムと素朴理論

　幼い子どもは、人形に対して「お腹が空いたの？」などと、まるで生きているかのように働きかけたり、ものが壊れて動かなくなったときに、「元気がないね」などと、それに意識や意思があるかのように扱ったりすることがある。ピアジェはこのように、幼い子どもが無生物に対して「生きている」と考えて、心や意識などの人間と同じような特徴を付与してその特徴を予測・説明する傾向をアニミズムと呼んだ（Piaget, 1929/1960）。ピアジェによれば、子どもが「生きている」とみなす範囲は、何らかの機能を持つものや活動するものすべてから、動いているもの、あるいは自ら動くものに徐々に限定され、大人と同様に動物あるいは動植物のみを生きているとみなす段階には11、12歳頃に至るとされている。

　このような幼児のアニミズム的反応は知的な未成熟として捉えられることが多かった。その一方で、その後の研究では幼い子どもは無生物に対する知識が欠けているため、それらについて説明するときによく知っている人間についての知識を利用するのだと肯定的に捉え直す立場も出てきた（Carey, 1985/1994）。たとえそれが科学的に正しくないものであっても、子どもは身近なものや出来事について理解、説明したり、予測したりするための一貫した知識体系を持っており、このような知識体系や枠組みは素朴理論（naive theory）あるいは素朴概念（naive concept）と呼ばれている。

　ピアジェの理論においては、特定の発達段階にある子どもの思考の特徴は領域を超えて一般であると仮定されていたのに対して、乳幼児期の子どものコンピテンスを強調する立場では、世界についての子どもの表象や理解は領域固有の**制約**によって支えられていると仮定している（稲垣・波多野, 2005）。また子どもが素朴理論を持つのは人間にとって特に重要な領域に限られており、物体の運動にかかわる**素朴物理学**、人間の行動にかかわる素朴心理学、人間と他の生物の生命にかかわる素朴生物学の3つが中核領域であると考えられている。

制約：何が観察され、考慮されるのかを限定する要因や条件。

素朴物理学：注視時間や馴化・脱馴化を用いた研究から、乳児は物理的に起こり得ない光景に対して長く注視するなど、物理的な因果関係について暗黙の理解を示すことがわかっている。

各年齢群における動物、植物、人工物に対する4タイプの反応頻度

反応タイプ	4歳児			5歳児		
	動物	植物	人工物	動物	植物	人工物
SS 反応	9	7	37	6	0	52
SL 反応	36	37	12	44	50	7
LL 反応	6	11	5	2	9	0
LS 反応	13	9	10	12	5	5

注：各条件の全反応数は 64 であった（16 名の参加者が各4回反応）。
S＝同じ大きさ、L＝より大きくなる。2つの大文字のうち、1番目の文字は数時間後についての質問に対する反応を示し、2番目の文字は数ヵ月後／数年後についての質問に対する反応を示す。

注：動物（上）、植物（中）、人工物（下）に対する見本刺激と選択刺激のカードの例。

図 5-6　生物と無生物の区別についての実験刺激（左）と結果（右）(稲垣・波多野, 2005)

2 子どものもつ素朴生物学

　稲垣・波多野（2005）は、幼児の生物と無生物を区別する能力について調べるために、「生きているかどうか」という問い方よりも子どもにとってなじみのある、「成長するかどうか」という点に焦点を当てた。図 5-6（左）のように、動物、植物、人工物について、見本刺激と、それと大きさ・形ともに全く同じ選択刺激、それより大きい、あるいは大きくかつ形も異なる選択刺激の3つの絵がセットになった刺激を用いて、4、5歳児に対して、2つの刺激のうち数時間（幼稚園に来てから帰るまでの時間）後の動物／植物／人工物を表しているのはどちらか、数ヵ月後（夏になったとき）あるいは数年後（何年も経ってから）の動物／植物／人工物を表しているのはどちらかを尋ねた。図 5-6（右）に示された結果より、動物と植物に対しては数時間では変化しないものの数ヵ月あるいは数年経てば大きさや形が変化すると考える一方で、人工物は時間を経ても大きさや形に変化が起こらないと考える子どもが多かった。この傾向は4歳児よりも5歳児により明確に見られたことから、5歳頃に素朴生物学が成立すると結論づけられている。

1 「心の理論」とは

幼児期になると、子どもはものの世界と同様に、人の心に対しても、その人が今何を欲しがっているのか、どのように感じたり思ったりしているのかについて自分なりの考えを持つようになる。このように人の心を理解するための枠組みは、子どもの持つ素朴理論の中核領域である「素朴心理学」に含まれるが（4節参照）、現代では「心の理論（Theory of Mind）」と呼ばれ、発達心理学の主要な研究領域となっている。

「心の理論」の研究は、霊長類学者のプレマックとウッドラフ（Premack & Woodruff, 1978）が、チンパンジーが餌を見つけても、自分よりも地位が高いチンパンジーがそばにいるときには横取りされるのを恐れて、あえて餌を取りに行かずにやり過ごし、そのチンパンジーがそばを離れてから餌を取りに行くという行動をとることを報告したことに始まる。プレマックらはチンパンジーにこのような行為が可能であるのは、他個体の行動を理解し予測するための枠組みを持っているからであると解釈し、この枠組みを「心の理論」と呼んだ。その後、哲学者のデネット（Dennet, 1978）はチンパンジーのこのような行動が本当に「心の理論」に基づくと言えるのかどうかに疑問を呈し、新たな研究方法を提案した。この提案を受けて、ウィマーとパーナー（Wimmer & Perner, 1983）は誤った**信念**課題（false belief task）を考案した。

2 誤った信念理解の発達

誤った信念課題として最も有名なのは図5-7のサリーとアンの課題（Frith, 1989/1991）である。このストーリーでは、サリーがビー玉をカゴに入れるが、サリーが不在の間にアンがビー玉を別の場所に移動させてしまう。そのときにサリーがビー玉が元の場所（カゴ）にあるという「誤った信念」を持っているということを理解できるかを問うものである。結果として、3歳までの子どもはほとんど正答できないが、4歳から7歳にかけて徐々に正答率が上昇することがわかっている。一

信念：ここでは「強く信じ込むという」意味合いではなく、単に「そう思っている」という意味で使われている。

方で、1歳6ヵ月児が誤った信念を理解しているような視線行動を示すことがわかっており（Onishi & Baillargeon, 2005）、このような暗黙の理解が4歳頃に明示的・言語的な理解へと変わっていくと考えられる。

誤った信念課題には他にも「スマーティー課題」として知られるものがある（Frith, 1989/1991）。これは、「中にスマーティーが

これはサリーです。　　　　　　　　これはアンです。

サリーは、カゴをもっています。　　アンは、箱をもっています。

サリーは、ビー玉をもっています。サリーは、ビー玉を自分のカゴに入れました。

サリーは、外に散歩へ出かけました。

アンは、サリーのビー玉をカゴから取り出すと、自分の箱に入れました。

さて、サリーが帰ってきました。　サリーは自分のビー玉で遊びたいと思いました。

サリーがビー玉を探すのは、どこでしょう？

図5-7　誤った信念課題（サリーとアンの課題）
（Frith, 1989/1991）

入っていると思って箱を開けたら、エンピツが入っていた」という状況の後に、「最初この中に何が入っていると思いましたか？」と尋ね、自分が過去に抱いていた誤った信念を正しく想起できるかを問うものである。サリーとアンの課題と同様に4歳から7歳にかけて正答率が上昇していくことが示されている。また、これらの課題は登場人物の抱いている信念（一次的信念）について尋ねるものであったが、「ジョンは「メアリーが○○と思っている」と思っている」というような、入れ子状になった複雑な信念（二次的信念）は、6歳から9歳の間で理解できるようになっていくことが示されている（Perner & Wimmer, 1985）。また自閉症児はその知的年齢に比して誤った信念課題の正答率がきわめて低いことがわかっており、健常児とは異なる「心の理論」を持つ可能性が検討されている（Frith, 1989/1991）。

スマーティー：（課題が考案された）イギリスの子どもであれば誰でもよく知っているチョコレート菓子。円筒形の筒に入っている。

6 子どもは心理学者？

表 5-3　子どもの意図理解の発達段階 (鈴木, 2013 より作成)

年齢	段階	特徴
9ヵ月頃〜	意図理解の芽生え	他者を意図的行為者とみなしてふるまう。
2、3歳〜	初期の意図理解	会話中に意図を表すことばを表出し、他者の意図を欲求に基づいて理解する。
4、5歳〜	表象としての意図理解	欲求と意図を区別して理解し、背後にある信念・知識に基づいて意図を理解する。
8、9歳〜	全体的意図理解	意図的行為の形成にかかわる要因（欲求、信念、意図、意識、実行スキル）を大人と同様に理解する。

■ 意図理解の発達

　子どもが持つ「心の理論」に含まれる人の心の状態には、信念の他にも、感情、知識、思考、欲求、意図などさまざまなものがある。その中でも、表5-1（1節）に見られるように「どうして○○するの？」という他者の意図についての問いは、幼児期の子どもに非常によく見られるものである。意図の理解は比較的早期に子どもの行為や言語に表れ始める。たとえば生後9ヵ月頃になると、子どもは他者の行為の背後には意図があることに気づき始め、それが指差しや共同注意の成立に表れるという（Tomasello, 1999/2006）。鈴木（2013）はこのような意図理解の芽生えが、言語発達や他の心の状態の理解との関係でどのように発達していくかを考察している（表5-3）。これによれば、2、3歳頃には「わざとしたんじゃない」などと明確に意図を表すことばが発話の中で見られ始めるが、この時期には行為への志向を含む意図（○○するつもりである）は、必ずしもそれを含むとは限らない欲求（○○したい）とほぼ同じものとして理解されている。4、5歳になると、欲求と意図を区別して理解し始めるとともに、そこに相手がいると知っていてぶつかったならばわざとであるが、知らなかったならばわざとではないなどと、意図の背後にその人物の知識状態や信念があることを理解できるようになる。

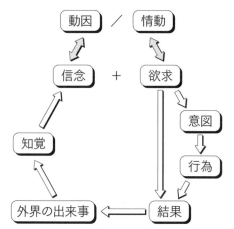

図 5-8　子どもの「心の理論」の概略図 (Astington, 1993/1995)
注：図中の／は「あるいは」、＋は「と」を意味する。

❷ さまざまな心の状態と行為との関連

　Astington（1993/1995）は、子どもが人の行為をその人のさまざまな心の状態から予測したり説明したりするプロセスを提起している（図5-8）。これによると、外界の物や出来事を少なくとも自分がそうだと思うあり方で反映する「信念」と、外界がそうあってほしいという思いを表す「欲求」は心の理論の最も核となる概念であり、これらは生存にかかわる生理的な「動因」や、過去の信念から生じる「情動」と関わり合っている。そして、たとえばケーキが欲しいという欲求とケーキが冷蔵庫の中に入っているという信念は冷蔵庫にケーキを取りに行こうとする「意図」を生じさせるというように、意図は欲求にその欲求が満たされる方法についての信念を組み入れることによって生じる。「意図」は「行為」を引き起こし、さらには「結果」を生じさせる。結果はそれが自分の行為の直接的結果であってもそうでなくても、「外界の出来事」として「知覚」され、新たな信念につながる。このような複雑な心理的因果関係を生後数年のうちに理解できるようになる子どもは、まさに生まれながらに小さな心理学者であると言えるであろう。

■ 引用・参考文献

Astington, J. W.（1993）. *The child's discovery of the mind*. Cambridge MA: Harvard University Press.（アスティントン，J. W. 松村暢隆（訳）（1995）子供はどのように心を発見するのか――心の理論の発達心理学　新曜社）

Carey, S.（1985）. *Conceptual change in childhood*. Cambridge, MA.: MIT Press.（ケアリー，S., 小島康次・小林好和（訳）（1994）. 子どもは小さな科学者か――J. ピアジェ理論の再考　ミネルヴァ書房）

Chouinard, M.（2007）. Children's questions: A mechanism for cognitive development. *Monographs of the Society for Research in Child Development*, 72（1）, vii-ix, 1-112.

Dennett, D. C.（1978）. Belief about beliefs. *Behavioral and Brain Sciences*, 1, 564-570.

Frith, U.（1989）. *Autism: Explaining the enigma*. Oxford: Blackwell Publishing.（フリス，U., 冨田真紀・清水康夫（訳）（1991）. 自閉症の謎を解き明かす　東京書籍）

Goswami, U.（1998）. *Cognition in children*. London: Taylor & Francis Group.（ゴスワミ，U., 岩男宅実・上淵等・古池若葉・富山尚子・中島伸子（訳）（2003）. 子どもの認知発達　新曜社）

Harris, P. L.（2012）. *Trusting what you're told: How children learn from others*. Harvard University Press.

稲垣佳世子・波多野誼余夫（2005）. 子どもの概念発達と変化――素朴生物学をめぐって　共立出版

子安増生（2016a）. 発生的認識論――ピアジェの認知発達観　子安増生（編）よくわかる認知発達とその支援（第2版、pp.8-9）ミネルヴァ書房

子安増生（2016b）. 自己中心性――社会化されない言葉と思考　子安増生（編）よくわかる認知発達とその支援（第2版、pp.98-99）ミネルヴァ書房

Leslie, I.（2014）. *Curious: The desire to know and why your future depends on it*. New York : Basic Books.（レスリー，I., 須川綾子（訳）（2016）. 子どもは40000回質問する――あなたの人生を創る「好奇心」の驚くべき力　光文社）

中垣啓（2013）. 発生的認識論　最新心理学事典（pp.610-615）平凡社

Ogden, C. & Richards, I.（1923）. *The meaning of meaning*. London: Routledge & Kagan Paul.（オグデン，C., リチャーズ，I., 石橋幸太郎（訳）（1967）. 意味の意味　新泉社）

Onishi, K. H. & Baillargeon, R.（2005）. Do 15-month-old infants understand false beliefs? *Science*, 308, 255-258.

Perner, J. & Wimmer, H.（1985）. "John thinks that Mary thinks that...": Attribution of second-order beliefs by 5- to 10-year-old children. *Journal of Experimental Child Psychology*, 39, 437-471.

Piaget, J. (1929) *La représentation du monde chez l'enfant.* Paris: F. Alcan. (大伴茂（訳）(1960). 児童の世界観　同文書院)

Piaget, J. & Inhelder, B. (1941). *Le dèveloppement des quantitès chez l'enfant: Conservation et atomisme.* (遠山啓・銀林浩・滝沢武久（訳）(1965). 量の発達心理学　国土社)

Piaget, J. & Inhelder, B. (1948). *La representation de l'espace chez l'enfant.* Translated by Langdon, F.J. & Lunzer, J. L. (1956) *The child's conception of space.* London: Routledge & Kegan Paul.

Piaget, J. & Szeminska, A. (1941). *La genèse du nombre chez l'enfant.* Paris: Delachaux et Niestlè. (ピアジェ, J., シェミンスカ A., 遠山啓・銀林浩・滝沢武久（訳）(1962). 数の発達心理学　国土社)

Premack, D. & Woodruff, G. (1978). Does the chimpanzee have a theory of mind? *Behavioral and Brain Sciences,* 1, 512-526.

鈴木亜由美 (2013). 幼児の意図理解と道徳判断における意図情報の利用　心理学評論, 56, 474-488.

Tomasello, M. (1999). *The cultural origins of human cognition.* Cambridge: Harvard University Press. (トマセロ, M., 大堀壽夫・中澤恒子・西村義樹・本多啓（訳）(2006). 心とことばの起源を探る —— 文化と認知　勁草書房)

Wimmer, H. & Perner, J. (1983). Beliefs about beliefs: Representation and constraining function of wrong beliefs in young children's understanding of deception. *Cognition,* 13, 103-128.

手指を巧緻に使い、小豆を箸で運ぶ小学校1
年生。「お皿にある小豆を素早く全部移そう！」
と高い達成欲求のもとで、集中力を発揮して
取り組むことができ、やる気の一つの姿とい
える。児童期は、読み書きの習得にもやる気
を広げていく時期である。

6章

やる気はどのように育つのか？

児童期の動機づけの発達

　本章では、心理学の動機づけ理論をもとに、児童期の子どものやる気はどのように育つのかについて学ぶ。概要としては、まず、動機づけにはどのような種類のものがあり、どのような要因によって変化するのかについて知る。次いで、過去をどのように振り返ると動機づけが高まるか、やる気を喪失するのはどのような心理的メカニズムによるのかについて学んでいく。最終的には、これらをふまえて、子どもの動機づけを育むにあたり、どのようにサポートをしていけばよいかについて新たな見方を得ることを目指す。

> **予習課題** 子どもとふれ合う機会を設けたり、自分の子ども時代を振り返ったりして、子どものやる気がどのように高まるのかを考えてみましょう。
>
> **復習課題** ここで学んだ動機づけの概念や理論をもとに、子どものやる気を育む実践について、あらためて考え直してみましょう。

動機づけとは何か

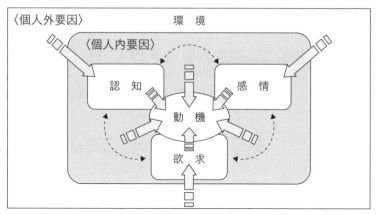

図 6-1　動機形成のダイナミズム（鹿毛, 2013）

■1 動機形成のメカニズム

　「本が読みたい」という「動機」は、読書という行為を引き起こす。行為に向けて、内面から人を突き動かすような心理状態のことを「動機」という。また、「動機づけ」とは「行為が生じ、維持され、方向づけられて、やがて終結する一連のプロセス」のことを指している。

　個人内の心理学的要因として「認知」「感情」「欲求」の3つがあり、図 6-1 のように、相互に影響を及ぼし合いながらダイナミックな形で動機を生み出す。認知とは、意識や信念、推論、判断によるもので、たとえば、「読書をすれば考える力が身につく」という認識がこれにあたる。感情は、快不快の感情や好悪感情などで、「本を読んでいると楽しい」といった感情が動機を形成することになる。次項で取り上げるさまざまな欲求も、読書の動機を形成する要因となりうる。「先生に認めてほしい」という承認欲求から読書に励む子どももいるだろう。教師が読書を課題とすれば、これも動機を形成することになり、教師の存在やその働きかけは、個人外の要因、すなわち、「環境」の要因ということになる。「**誘因**」ともいい、個人内外の複雑な相互作用によって動機は成り立っている。

誘因：賞品やお小遣いなど、行為を引き出すために用いられる外的な刺激のことで、「インセンティブ（incentive）」ともいう。これに対して、生命体を行動に駆り立てる内部の要因は、「動因（drive）」と呼ばれる。

表6-1　欲求の分類 (桜井, 2006)

基本的欲求（一次的欲求）：生まれつき持っている欲求	● 生理的欲求：個体が生きるために必要な欲求（生理的な基礎があり、ホメオスタシスに規定される） 飢えの欲求、渇きの欲求、排泄の欲求、睡眠（休息）の欲求、呼吸の欲求、適温維持の欲求など
	● 種保存欲求：種が保存されるために必要な欲求（生理的な基礎がある） 性の欲求、母性の欲求など
	● 内発的欲求：よりよく生きるために必要な欲求（生理的な基礎がない） 接触欲求、感性欲求（刺激を求める欲求）、活動欲求、好奇欲求あるいは好奇心（新奇な刺激を求める欲求）、操作・探索欲求、認知欲求（知る欲求）など
社会的欲求（二次的欲求、派生的欲求）：社会での学習経験により獲得される欲求	達成欲求、親和欲求、愛情欲求、承認欲求、自己実現の欲求（成長欲求など）

2 欲求の分類

　欲求は、人間の行動の源であり、動機づけのプロセスの基本をなす。表6-1のように、生得的な欲求である「基本的欲求」と、生後、社会的な経験を通して学習されてくる「社会的欲求」の2つに大別することができる。基本的欲求は、さらに「生理的欲求」「種保存欲求」「内発的欲求」からなっている。飢え、渇き、排泄、睡眠、呼吸、適温維持といった生命の維持に欠かせない欲求は、「生理的欲求」と呼ばれる。性の欲求や母性の欲求のように、種の保存に不可欠な欲求は、「種保存欲求」と呼ばれる。人と触れたいという欲求や、活動欲求、好奇欲求（好奇心）、探索欲求、認知したいという欲求、これらの欲求は「内発的欲求」と呼ばれる。内発的欲求は、人間がよりよく生きるための欲求と言える。

　社会的欲求は、卓越した水準で物事を成し遂げたい「達成欲求」、人と親しくなりたい「親和欲求」、相互に愛情を求める「愛情欲求」、人に認められたい「承認欲求」、自己の成長を求め、自分らしくありたい「自己実現の欲求」からなっている。これらの欲求は、社会生活を営むにつれて派生的に形成され、さらに多種多様な欲求の存在が指摘されている。

自己実現の欲求：マズロー (Maslow, A. H.) は、欲求を階層で捉え、①生理的欲求、②安全への欲求、③所属と愛情の欲求、④自尊欲求、⑤自己実現の欲求、という序列性を提唱している。

2 さまざまな動機づけのあり方

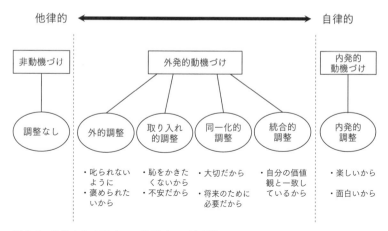

図 6-2　外発から内発までの動機づけの連続性（Ryan & Deci, 2000 をもとに作成）

◼️ 外発から内発までの動機づけの連続性

　伝統的に、動機づけには「外発的動機づけ」と「内発的動機づけ」の2種類のものがあるとされてきた。前者は「叱られないように」勉強に励む場合のように、外部からの強制による動機づけである。後者は「興味や関心があるから」勉強に励む場合のように、活動する理由がその個人の内側にある動機づけのことを指している。

　従来の見方に対して、ライアンとデシ（Ryan & Deci, 2000）は、自己決定理論を提唱し、外発的動機づけを4つの段階で捉え直す見方を示している。図6-2のように、自己決定の程度に応じて4つの調整が連続するものとして位置づけられている。外的調整は、賞罰など、従来の外発的動機づけのことで、取り入れ的調整とは、恥や不安、義務感から活動に取り組む段階である。同一化的調整は、自分にとっての重要性や必要性など、価値づけに基づく動機づけの段階である。最後の統合的調整は、自分の価値観と一致し、統合がなされている段階である。学習していることに違和感や矛盾がなく、「自分がやりたいことだから」取り組んでいる状態を指す。きめ細かな視点から子どもの動機づけの連続性を捉え、指導や支援に臨む必要があるだろう。

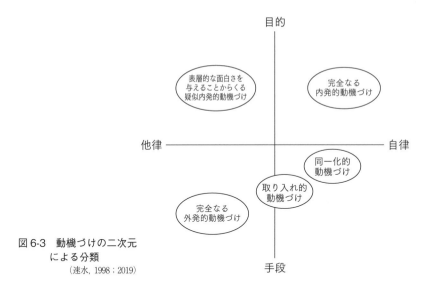

図 6-3　動機づけの二次元
　　　による分類
（速水, 1998：2019）

② 完全なる内発的動機づけと疑似内発的動機づけ

　動機づけは、目的－手段の次元で分類できる。外発的動機づけは、ご褒美を得るための「手段」として勉強するもので、内発的動機づけは、「学習が楽しいから」というように、学ぶこと自体が「目的」になっている。速水（1998：2019）は、前項で紹介した4つの動機づけを図6-3のように位置づけている。そして、自律－他律の次元で捉えると、内発的動機づけには、2種類のものがあると提起している。

　理科の宇宙のことに興味を抱き、図鑑や資料を自ら進んで調べ、探究していこうとする子どもは、「完全なる内発的動機づけ」によるものとされる。宇宙のことを知り、学ぶこと自体が目的になっており、自律的に活動が進められている。これに対して、好きなアニメのキャラクターが解説をしてくれることで、子どもの興味が引き出され、学習に取り組むような場合、「疑似内発的動機づけ」と呼ばれる。面白い、楽しいといっても、外から与えられる表層的かつ感覚的なものであり、刺激がなくなれば、活動にも取り組まなくなる。「疑似内発的動機づけ」は、目的的なものであるが、他律によるものであるため、深い探究や体験をもたらすものではないことに留意する必要がある。

3 「自分はできる！」という期待の大切さ

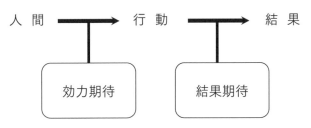

人間 ⟶ 行動 ⟶ 結果

効力期待　　　　結果期待

図 6-4　効力期待と結果期待 (Bandura, 1997 をもとに作成)

■ 効力期待と結果期待

バンデューラ (Bandura, 1977；1997) は、期待概念を「効力期待 (efficacy expectancy)」と「結果期待 (outcome expectancy)」とに区別している。ある行動がどのような結果を生み出すかという期待が結果期待である。ある結果を生み出すために必要な行動をどの程度うまくできるかという期待の方を効力期待と呼ぶ。自分がどの程度の効力期待をもっているか実感したとき、その子どもには「自己効力感 (self-efficacy)」があるという。

自己効力感は、人の行動に変化をもたらす先行要因であり、行動の最も強い予測因であることが実証されてきている。児童期の子どもにおいても、学業やスポーツ、社会的行動で優れた力を発揮し、資質・能力を高めるには、自己効力感を育むことが肝要となる。自己効力感を向上させる上で、次の4つの情報源が重要視されている。①実際に成功体験を積む「遂行行動の達成」、②良いお手本から学ぶ「**代理的経験**」、③信頼できる相手からの励ましなどの「言語的説得」、④リラックスしていることを感じるといった「情動的喚起」、これらを通じ、子どもの「できる！」という期待が高まる指導や支援が求められる。

代理的経験：バンデューラは「モデリング」と呼び、実際に遂行する直接的経験を伴わずとも、モデル（お手本）をただ観察するだけで、すなわち、代理的経験によって学習が成立することを実証している。

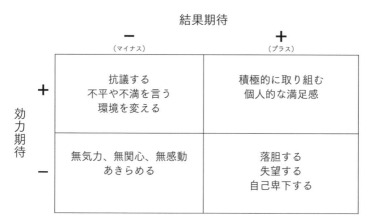

結果期待

	− （マイナス）	＋ （プラス）
効力期待 ＋	抗議する 不平や不満を言う 環境を変える	積極的に取り組む 個人的な満足感
効力期待 −	無気力、無関心、無感動 あきらめる	落胆する 失望する 自己卑下する

図 6-5　効力期待と結果期待の組み合わせによって規定される行動と感情

（Bandura, 1997 をもとに作成）

❷ 効力期待と結果期待の組み合わせがもたらす行動と感情への影響

　バンデューラ（Bandura, 1997）は、効力期待と結果期待の組み合わせによって規定される行動と感情を図6-5のようにまとめている。

　成し遂げる価値のある結果が得られる応答的な環境において（プラス）、自己効力感も高いと（プラス）、積極的に活動に取り組み、充実感をもち、さらに向上しようとする思いを強くする。ところが、自己効力感は高いが（プラス）、良い結果にはつながりにくい環境にあると（マイナス）、不平・不満を漏らし、抗議をし、不平等な社会的環境や実践を変えようとする。自らに能力はないが（マイナス）、周りの人間は成功し、優れた成果をあげている環境におかれれば（プラス）、落胆をし、失望することになる。自分には行動できる力がなく（マイナス）、望ましい結果にもつながっていかないと認知すれば（マイナス）、**アパシー**になり、変化を起こそうとも思わず、あきらめてしまうことになる。

　こうした組み合わせに基づくパターンをふまえると、学習場面や生活場面における子どもの様子から、それぞれの期待がプラスになっているかどうかについて目を配っていく必要があるだろう。

アパシー：無気力、無関心、無感動のこと。通常であれば、感情が動かされる事物に対しても、何の関心も湧かない状態。動機づけが欠如している、ないし減弱している状態を指す。

4 過去を振り返り、動機づけを高める

統制可能性	内在性		外在性	
	安　定	変　動	安　定	変　動
統制不可能	能　力	気　分	課題の困難度	運
統制可能	不断の努力	一時的な努力	教師の偏見	他者からの日常的でない援助

図 6-6　原因帰属の次元と要因（Weiner, 1979 をもとに作成）

■ 原因帰属のプロセス

　出来事の成功や失敗に関する原因を何かに求めることを原因帰属という。原因帰属の仕方によって、その後の動機づけや行動のあり方が異なってくる。ワイナー（Weiner, 1979）は、図 6-6 にあるように、内在性、安定性、統制可能性の 3 次元で捉えるモデルを提示している。内在性の次元では、原因が自分の内部にあるのが内在性で、外部にあるのが外在性というように区分される。安定性は、原因がある程度安定したものなのか、容易に変化する変動性の高いものなのか、という次元である。統制可能性は、原因を自分の力でコントロールできるものなのか、そうでないのか、という次元である。

　たとえば「テストで 100 点がとれたのは、才能があるからだ」という原因帰属は、能力は安定性の高い要因であるため、「次もうまくいく」という高い期待につながり、また、自分自身のことなので（内在性）自尊心も高まり、動機づけに結びつく。教育場面では、がんばればできるという励ましがよくなされるが、これは「努力帰属」によるものである。動機づけにうまくつながる子どももいるが、「どう努力すればよいのかわからない」子どもにとっては単にプレッシャーとなるだけであり、配慮が求められる。

表 6-2　能力概念の発達段階（Nicholls, 1978 をもとに作成）

発達段階	各段階の内容と特徴
レベルⅠ 「努力や結果」＝「能力」である	• 努力と遂行した結果と能力が未分化である。 • 見かけの努力に注目し、「努力」＝「能力」と考える。 • 結果が良ければ、かしこいとみなす。
レベルⅡ 努力は結果の原因である	• 努力量と結果の両方に注目し、能力の判断を行う。 • 努力量が多い方が結果が良いと捉え、努力と結果を結びつけて考えることができる。
レベルⅢ 努力と能力が部分的に区別される	• 努力量のみが結果に影響を与えるのでないと捉え始める。 • 努力量が異なるが、結果が同じ場合、力量としての能力を意味する。 • しかし、まだ完全に区別されず、努力量が同じであれば、同じ結果であるとみなす。
レベルⅣ 「力量」＝「能力」である	• 努力概念と能力概念が分化し、能力は力量として捉えることができる。 • 同じ結果を得たとき、努力が少ないほど、高い能力があるとみなされる。

② 能力概念が成立する発達的変化

　幼い子どもは、「がんばる子は、かしこい子だ」というように、能力と努力の概念が分化していないところがある。そして、年齢とともに、努力と能力の捉え方が変化することが明らかにされている。ニコルス（Nicholls, 1978）は、表 6-2 のように、4 つの発達段階を経て能力概念が成立することを示している。

　発達の最も初期の段階にある子どもにとって、能力は、学習によるものである。能力は、努力や良い結果を得ることとイコールであるとみなされている。これに対して、大人の場合は、能力は力量（capacity）のことであると考えられている。能力が低ければ、力量が足りないと捉えられ、これは個人の特性としてみなされる。

　速水（1984）は、小学校 3 年生から大学生までを対象に、架空の児童の 3 時点にわたるテストの点数を、クラスの平均点とともに提示し、この児童が「今回のテストで良い点をとれたのはなぜか」について、原因帰属を求めている。その結果、小学校低学年では、成績にかかわりなく努力によるものと認知していたのに対して、年齢が上がるとともに、能力に帰属する傾向が高まっていくことを明らかにしている。

なぜやる気をなくすのか

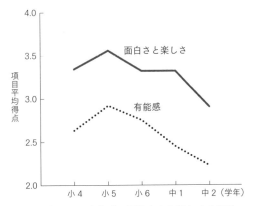

図6-7　面白さ・楽しさと有能感の平均点の年齢による変化 (櫻井, 2009)

■ 内発的動機づけの年齢による変化

　内発的動機づけによって学んでいる子どもは、学習を「面白く楽しい」と感じており、自分には能力があると「有能感」も抱いている。櫻井 (2009) は、小学校4年生から中学校2年生までの各学年を対象に、「面白さと楽しさ」と「有能感」についての調査を行っており、図6-7に示すような結果を得ている。いずれも年齢とともに減少していく傾向が見られている。

　また、外山 (2015) は、2014年にベネッセ教育総合研究所によって実施された小中学生の学びに関する実態調査から、同じような結果を報告している。小学校4年生から中学校2年生までの各学年を対象に、外発から内発までの4種類の動機づけについて尋ねたところ、「内発的動機づけ」と「同一化的動機づけ」が、小学生よりも中学生において低くなることが明らかにされている。小学校から中学校へ移行する段階において、自律的に学習に取り組む動機づけが低下するということで、自己評価が客観的かつ厳格なものとなり、自己に求める基準も高くなっているとすれば、この傾向は健全なものと解釈できるのかもしれない。しかしながら、もしも**自律的動機づけ**自体が低下しているとすれば、これは憂慮すべき事態と言えるだろう。

自律的動機づけ：Ryan & Deci (2000) や速水 (2019) の見方からすると、内発的動機づけや同一化的動機づけは、自律性の高い動機づけの極にあり、これらを総称して「自律的動機づけ」という言い方がなされる。

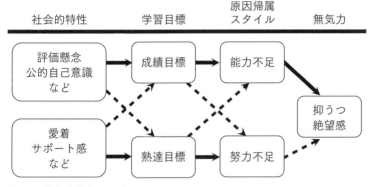

図6-8　無気力発生のモデル（桜井, 2003 をもとに作成）

2 無気力発生のモデル

　桜井（2003）は、図6-8のような無気力発生のモデルを提唱している。外見など、他者から見られる自分を気にする「**公的自己意識**」や、他者からの否定的な評価を気にする「**評価懸念**」が高いと、良い成績を取り評価されることを目指す「**成績目標**」が高くなる。成績目標が高い子どもは、学習において失敗すると、それを自分の能力の低さのせいにする、すなわち、能力不足の原因帰属をしがちである。そのような原因帰属スタイルは、抑うつや絶望感を引き起こすことになる。

　一方、愛着や他者からサポートされている感覚がある子どもは、自分で努力して熟達することを目指す「**熟達目標**」が高くなる。熟達目標が高い子どもは、学習で失敗を経験しても、がんばりが足りないだけだ、すなわち、努力不足の原因帰属をしがちである。このような前向きな原因帰属スタイルは、失敗をしても、簡単に心が折れることはなく、無気力の形成を抑えていくことにつながっていく。図の中の実線の矢印は、プラスの影響を示し、破線は、マイナスの影響を示し、それぞれの要因が複雑に規定し合うプロセスを経て、無気力が生起すると考えられている。

公的自己意識：他者から観察できる公的な自己を意識する傾向は「公的自己意識」と呼ばれる。これに対して、他者からは観察できない私的な自己に注意を向ける傾向は「私的自己意識」と呼ばれる。

6 動機づけを育むサポートとは

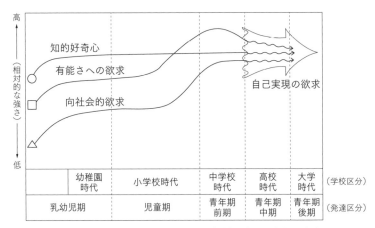

図6-9 自ら学ぶ意欲に影響する3つの欲求の相対的強さの変化と変容 (櫻井, 2009)

◼️1 自己実現の欲求の形成過程

コンピテンス：
環境に対して効果的に相互交渉する能力のことを指している (White, 1959)。個人が経験を通して獲得した能力であり、また、自らの有能さを発揮しようとする動機づけの側面を含んでいる (3章3節参照)。

特殊的好奇心：
特定の方向性をもって情報を得ようとする好奇心のこと。一方、「拡散的好奇心」は、特定の方向性はなく、どんな情報でも集めようと駆り立てられる動機づけである。

　櫻井（2009）は、自ら学ぶ意欲の基盤をなす3つの欲求として、知的好奇心、有能さへの欲求、向社会的欲求を挙げている。図6-9にあるように、まず、乳幼児期は、知的好奇心が旺盛な時期であり、外界にあるさまざまな事象に対する興味・関心が、子どもの動機づけの中心的な位置を占める。また、**コンピテンス**とも呼ばれるが、自分には能力があるという実感、すなわち、有能さへの欲求が満たされていく経験も、この時期から重要なものとなる。有能さへの欲求は、児童期にかけて、相対的強さが増していくものと考えられている。青年期以降になると、向社会的欲求が充実してくるようになり、世の中の役に立つ人間になりたいという思いが強くなり始める。

　櫻井（2009）によれば、自己実現の欲求は、3つの欲求が、バランスの良い形で、より合わさることで形成される。まず、その個人に固有の有能さを発揮することで、自分らしい生き方が実現できる。この背後には、知的好奇心、とりわけ**特殊的好奇心**がある。その人独自の興味・関心が明確になっていき、それは人の役に立つものでもある。そうすることで、自分という存在の価値が実感され、自己実現が果たされていく。

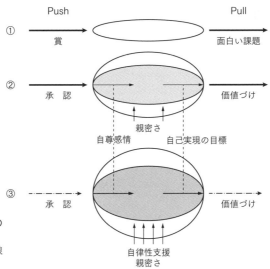

外界からの働きかけ（押す）　　自　己　　外界からの働きかけ（引く）

Push　　　　　　　　　　　　　　　　　Pull

① →　　　　　　　　　　　　　　　　　　　　　→
　　　賞　　　　　　　　　　　　　　　面白い課題

② →　　　　　　　　　　　　　　　　　　　　　→
　　承　認　　　　　　　　　　　　　　価値づけ
　　　　　　　　　　　親密さ
　　　　自尊感情　　　　自己実現の目標

③ →　　　　　　　　　　　　　　　　　　　　　→
　　承　認　　　　　　　　　　　　　　価値づけ

　　　　　　　　　　　　自律性支援
　　　　　　　　　　　　親密さ

図 6-10　自律的動機づけの 形成過程（速水, 1998）
注：実線は強い働きかけ、破線 は弱い働きかけを表す。

2 承認と価値づけによる自律的動機づけの発達

　速水（1998）は、自律的動機づけが形成されるプロセスを「プシュルモデル」（Pushll Model）と名付け、図 6-10 をもとに理論的に説明を行っている。3 つの発達段階が想定され、「プッシュ（Push）」と「プル（Pull）」という外界からの働きかけによって動機づけの内面化が促されていく。プッシュとは、賞賛や承認のことで、「よくやった」と励まし、「背中を押す」イメージに相当する働きかけのことである。プルとは、魅力的な課題を示したり将来像を示したりすることで、「ここにこんな大切なことがあるよ」と価値づけを行い、「手を差し伸べて引っ張る」イメージである。

　就学前の段階が①で、自己そのものが未分化な状態である。褒賞を与えたり、好奇心を引き出す課題を設定したり、外からの働きかけによって容易に行動が方向づけられる段階である。児童期から青年期初期の②の段階になると、内面化の作用によって、承認や受容が**自尊感情**を育み、価値づけが自己実現の目標の形成を促していく。青年期中期以降の③の段階になると、主体性を尊重した支援（自律性支援という）をすることで、自尊感情や自己実現の目標は、より確かなものになっていく。

自尊感情：自分自身について価値があり、尊ばれる存在であるという感情のことで、「自尊心」や「セルフ・エスティーム」という言い方がなされる場合もある。

■ 引用・参考文献

Bandura, A.（1977）. Self-efficacy: Toward a unifying theory of behavioral change. *Psychological Review*, 84, 191-215.

Bandura, A.（1997）. *Self-efficacy: The exercise of control*. W. H. Freeman.

速水敏彦（1984）. 学業成績についての原因帰属の推測過程の発達　教育心理学研究, 32, 256-265.

速水敏彦（1998）. 自己形成の心理 ── 自律的動機づけ　金子書房

速水敏彦（2019）. 内発的動機づけと自律的動機づけ ── 教育心理学の神話を問い直す　金子書房

鹿毛雅治（2013）. 学習意欲の理論 ── 動機づけの教育心理学　金子書房

Nicholls, J. G.（1978）. The development of the concepts of effort and ability, perception of academic attainment, and the understanding that difficult tasks require more ability. *Child Development*, 49, 800-814.

Ryan, R. M. & Deci, E. L.（2000）. Self-determination theory and the facilitation of intrinsic motivation, social development, and well-being. *American Psychologist*, 55, 68-78.

桜井茂男（2003）. なんで「やる気」が出ないの　桜井茂男・濱口佳和・向井隆代，子どものこころ ── 児童心理学入門　有斐閣

桜井茂男（2006）. 感情と動機づけ. 桜井茂男（編著）はじめて学ぶ乳幼児の心理 ── こころの育ちと発達の支援　有斐閣

櫻井茂男（2009）. 自ら学ぶ意欲の心理学 ── キャリア発達の視点を加えて　有斐閣

外山美樹（2015）. 自律的な理由で勉強することが適応的である　ベネッセ教育総合研究所, 小中学生の学びに関する実態調査報告書　ベネッセ教育総合研究所

Weiner, B.（1979）. A theory of motivation for some classroom experiences. *Journal of Educational Psychology*, 71, 3-25.

White, R. W.（1959）. Motivation reconsidered: The concept of competence. *Psychological Review*, 66, 297-333.

幼児と小学生

事例：3歳児の色水遊びにおける学びの姿

　快晴の春の日、園庭にはたくさんの遊びコーナーが設けられた。そのうちの一つが、草花を使った色水遊びが大好きな3歳児たちのための、色水遊びコーナーだ。3歳児のアイとユキは、「1つ、2つ、3つ……。」と数えながら花びらを半透明のカップに入れ（⑧）、ムクロジの皮と一緒にかき混ぜている（⑦）。ムクロジは、すりつぶすと石鹸のような泡が出る植物だ。すりこぎで、泡だった水を勢いよくかき混ぜると、泡の真ん中から色の変わった水があらわれる。「見て！　きれいな水色！」ユキはうれしそうに叫んだ（⑩）。ユキが選んだのは青い花びら。対して、アイが選んだのは紫の花びらであった。アイは、ユキと同じように、すりこぎで水をかき混ぜながら「見て！　黒！」と言った後、「おかしいなあ、紫を入れたのに……。」と首をひねった（⑥）。その横で、ユキは細いオレンジの花びらを先ほど作った色水の中に入れ、再びすりこぎでかき混ぜ、「オレンジ入れても水色！」と、目を丸くして叫んだ（⑥）。アイはユキをちらりと見ると、今度は赤い花びらをカップの中に入れた。すりこぎでかき混ぜると、泡の間から、少し赤くなった水がのぞく。アイは「赤になった！」と興奮したように叫ぶと（⑥）、いっそう力をこめてすりこぎで泡をかき混ぜた。

　二人の楽しそうな声を聞きつけたサチが、アイのそばにやってきた。サチは、カップをしげしげと見つめている。サチが、「緑、作って！」と言うと（⑨）、アイは興奮したように、「緑、いっぱい入れないといけない！」と言い、ザルの中にあった緑の葉っぱを片手いっぱいにつかんだ（③）。

（※番号は、本文の10の姿の番号と対応）

　ここでは、幼児と小学生の発達と教育についてみてみよう。

　幼児期の終わりまでに育ってほしい姿は、幼稚園教育要領、保育所保育指針、幼保連携型認定こども園教育・保育要領（2018（平成30）年施行）に記されており、具体的には次の10の姿が明記されている。①健康な心と体、②自立心、③協同性、④道徳性・規範意識の芽生え、⑤社会生活とのかかわり、⑥思考力の芽生え、⑦自然との関わり・生命尊重、⑧数量・図形、標識や文字などへの関心・感覚、⑨言葉による伝え合い、⑩豊かな感性と表現である。これら10の力は、相互に関連しながら、遊びの中で育まれていく（事例参照）。この10の力に広く関わっている能力は、非認知能力と呼ばれている。これは、物事を認識し、思考するといった認知能力とは異なり、関心・意欲といった動機づけに基づいて自己の行動を調整する力、他者への共感や、他者と協働・協調するといった人と

かかわる力、自己の情動を調整する力など、社会情動的スキルとしても知られるものである（OECD, 2015；平野, 2016）。仲間や保育者との「楽しい」気持ちを中心とした主体的遊びや学び、葛藤の中で、これらの力は育っていく。

　このような10の視点は、アプローチカリキュラム、スタートカリキュラムという、2つの幼小接続期カリキュラムに盛り込まれる形で、児童期に引き継がれている。アプローチカリキュラムとは、保育所・幼稚園から小学校へのスムーズな移行と学校適応、発達期をまたいだ学びの連続性の確保を目的とした、5歳児対象のカリキュラムであり、対して、スタートカリキュラムとは、幼児期での学びと小学校での学びとの接続を意識した合科的カリキュラムである（文部科学省, 2017）。児童期では、認知思考や道徳性の発達に大きな質的転換が生じる。と同時に、仲間についての捉えも大きく変わり、規則や大人に対する見方に揺らぎが生じる。学業での勤勉性を確保しながら、個の発達に応じた援助がますます求められる時期である。

■ 引用文献

平野麻衣子（2016）．社会情動的スキルの育成に関する考察　青山学院大学教育学会紀要
　　教育研究, 60, 79-92.

文部科学省（2017）．小学校学習指導要領, p. 21.

OECD（2015）. *Skills for Social Progress: The Power of Social and Emotional Skills.*
　　OECD Skills Studies, Paris: OECD Publishing.

7章

思いやる心はどこから？

児童期の社会性・感情・モラルの発達

　本章では、児童期の社会性や感情、さらには道徳性の発達について学ぶ。幼児期は、なんでもできるという万能感が高いが、小学校に入り仲間とかかわる中で、自分についての見方や考え方が変化してくる。こうした自己についての発達的な変化やそれに伴う社会性や感情の変化を学び、思いやる心を培う過程を理解する。さらに、自分や他者の捉え方の発達的な変化に伴い、ともすれば、落ち込んだり、自尊心が低くなったり、怒りを抑えられないなどの問題が付随してくる。こうした問題にどのように対応し、支援すればよいか、その手がかりとなる研究について理解する。

> **予習課題** 「自分」という概念や意識がどのようにつくられていくか、子どもたちの自己概念に影響を及ぼす遊び、ゲーム、漫画などの文化と関連づけて考えましょう。
>
> **復習課題** ここで活用されている尺度や教材を用いて、あなた自身の自己評価や感情、さらには道徳的な考え方の特徴を捉えてみましょう。

自分の捉え方が変わっていく

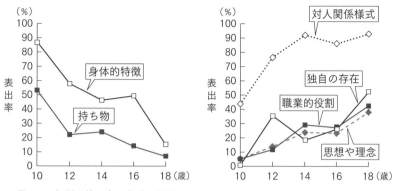

図 7-1　加齢に伴う自己意識の変化（Montemayor & Eisen, 1977）

■ 自己理解の変化

　自己理解には、問う自己としての主体的自己と答えとしての客体的自己があると指摘されてきたが、この客体的自己の変化について、「私は誰ですか？」という 20 答法と呼ばれる文章完成法を用いた研究がある（Montemayor & Eisen, 1977）。図 7-1 に示されるように、加齢に伴い、「背が高い」「帽子を持っている」といった身体的な特徴や持ち物など外面的・客観的内容の言及は少なくなり、「すぐに仲良くなれる」などの対人関係の様式や心理的特徴などの内面的な内容が増加することが明らかとなった。また、9 歳以上になると、「弟が生まれたから、もう甘えてはいけない」といった、過去の自分とは異なる自分を捉えるような表現や気持ちを自己表現に加えることができるようになる。未来に対しても、「今はまだできないが、逆上がりをがんばりたい」といった自身の抱負を表現することが可能になる。

　デーモンとハート（Damon & Hart, 1988；p. 139 の図 9-1 参照）では、自己理解の発達モデルとして物理的自己、行動的自己、社会的自己、心理的自己の 4 領域から発達レベルを論じている。児童期前期はカテゴリーに基づく捉え方をしているが、中後期になると社会的比較による自己評価をするようになる。

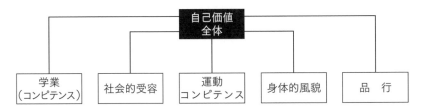

図 7-2　多次元的な自尊心の捉え方 (Harter, 1999 をもとに Shaffer, 2009 が作成)

2 自尊心の変化

　自尊心は、個人の内的な心理的状態である。大人を対象には、ローゼンバーグ (Rosenberg, 1979) の自尊感情尺度に代表される質問紙を用いて測定されているが、児童は自分の心理状態を言語的に表現することが難しい。そのため、ハーター (Harter, 1982; 1996) は子どもを対象にした尺度を考案し、図 7-2 のように、子どもたちが「学業」「社会性」「運動」「身体的特徴」「行動」の 5 つの領域から自己を捉えられるようになることを明らかにしている。ここではコンピテンスという言葉が用いられているが潜在的な能力を意味している。たとえば、学業のコンピテンスには、学業、記憶、読みの理解などが含まれ、いわゆる勉強ができるなど自分の能力に対する評価である。社会性のコンピテンスは、友人がたくさんいる、親友がいるなどの対人関係に関わる領域である。児童期になると、自分は、勉強はダメだけれど、友人もいるし運動も得意だといった多次元的な捉え方ができるようになる。こうした不得意なところもあるが結構いけるところもあるという捉え方は、9、10 歳頃にできるようになる。ただし、他者から認められないと落ち込むといった、他者の態度に依存した不安定な自尊心（随伴性自尊感情）があり、自分らしさを礎にした**本来感**を持たせることが大切である。

本来感：外的な基準ではなく、自分が自分でいられることから自然に得られる自尊感情で、「これでよい (good enough)」という感覚。

2 思いやりが深まる

表 7-1　役割取得能力の発達段階 (渡辺, 2001)

レベル0	**自己中心的役割取得（3～5歳）** 自分と他者の視点を区別することが難しい。同時に、他者の身体的特性を心理面と区別することが難しい。
レベル1	**主観的役割取得（6～7歳）** 自分の視点と他者の視点を区別して理解するが、同時に関連づけることが難しい。また、他者の意図と行動を区別して考えられるようになり、行動が故意であったかどうかを考慮するようになる。ただし、「笑っていればうれしい」といった表面的な行動から感情を予測しがちである。
レベル2	**二人称相応的役割取得（8～11歳）** 他者の視点から自分の思考や行動について内省できる。また、他者もそうすることができることを理解する。外から見える自分と自分だけが知る現実の自分という2つが存在することを理解するようになる。したがって、人と人とがかかわるときに他者の内省を正しく理解することの限界を認識できるようになる。
レベル3	**三人称的役割取得（12～14歳）** 自分と他者の視点以外、第三者の視点をとることができるようになる。したがって、自分と他者の視点や相互作用を第三者の立場から互いに調整し、考慮できるようになる。
レベル4	**一般化された他者としての役割取得（15～18歳）** 多様な視点が存在する状況で自分自身の視点を理解する。人の心の無意識の世界を理解し、主観的な視点を捉えるようになり、「言わなくても明らかな」といった深いところで共有される意味を認識する。

注：役割取得能力は、社会的視点調整能力とほぼ同じ意味としてここでは用いられている。後者の方が包括的な意味合いが強い。

■1 他人の痛みがわかるようになる（社会的視点調整能力）

対人関係が円滑に築かれ、維持されるためには、他人の気持ちや考えを推測し理解する力が必要である。他者を理解するためには、他者の視点を推測し、他者の気持ち、考え、信念、動機、意図などの内面的な側面を理解する必要がある。これは、社会的視点調整能力や役割取得能力と呼ばれる。セルマン (Selman, 1976) は、**対人葛藤**場面を用いて、この発達段階を明らかにしている。たとえば、木登りの大好きなホリーが木から落ちたところを父親に見られ、もう木登りをしないと父親と約束する。ところが、ある日、ホリーは、友だちの子猫が木に登って降りられない場面に遭遇する。助けられるのはホリーしかいないが父親との約束を思い出してしまうといった話である。この話に対して、友だちが子猫のことを心配していることや、もし木に登ったことをお父さんが知ったらどんな気持ちになるかなどの質問をしたところ、表 7-1 のようなレベルが存在することが明らかにされている。私という視点から、あなたの視点が取れるようになり、しだいに、第三者や一般の人の視点など多視点から考えられるようになる。

対人葛藤：個人の行動や感情、思考の過程が、他人によって妨害されている状態。対人交渉方略はこの状況の解決を目的として、相手に何らかの影響力を及ぼそうとする行動。

108

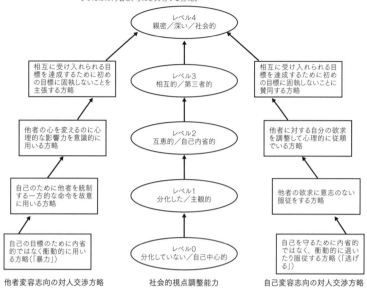

新しい考えを創造し、自己と他者の双方のための目標を協力して掲げる。
そのために内省し、考えを共有する方略。

レベル4
親密／深い／社会的

相互に受け入れられる目
標を達成するために初め
の目標に固執しないことを
主張する方略

相互に受け入れられる目
標を達成するために初め
の目標に固執しないことに
賛同する方略

レベル3
相互的／第三者的

他者の心を変えるのに心
理的な影響力を意識的に
用いる方略

他者に対する自分の欲求
を調整して心理的に従順
でいる方略

レベル2
互恵的／自己内省的

自己のために他者を統制
する一方的な命令を故意
に用いる方略

他者の欲求に意志のない
服従をする方略

レベル1
分化した／主観的

自己の目標のために内省
的ではなく衝動的に用い
る方略（「暴力」）

レベル0
分化していない／自己中心的

自己を守るために内省的
ではなく、衝動的に退い
たり服従する方略（「逃げ
る」）

他者変容志向の対人交渉方略　　　社会的視点調整能力　　　自己変容志向の対人交渉方略

図 7-3　社会的視点調整能力と対人交渉方略 (Selman, 2003 をもとに作成)

❷ 対人交渉方略も変化する

　他人に何らかの行動をとるときに、大きく 2 つの志向があると考えら
れている。1 つは他人を変えようとする志向が強い他者変容志向であり、
他方は自分を変えようとする自己変容志向である。行動から考えるとこ
の 2 つの志向性に基づいて選好される行動は大きく異なる。しかし、こ
うした行動は、社会的視点調整能力との関係が強いと考えられる。図
7-3 のように、社会的視点調整能力のレベルが 0 である場合に、他者変
容志向の人は暴力を振るい、自己変容志向の人はその場から逃げるとい
う行動をとる。それが、しだいに他者の痛みがわかるようになり、レベ
ルが高くなると、他者変容志向の人は、命令という行動、次に説得する
という行動を選択するようになり、自己変容志向の人は、逃げずに、従
順に従う、そして妥協するといった行動をとるようになる。最終的には、
いずれの志向性のものも、話し合うという調整行動をとるようになると
考えられる (Selman, 2003)。したがって、対人行動を変容するには、他
者の視点取得のレベルを高次にすることが求められる。

善悪の基準は変化する？

マリーはお母さんのお手伝いをしていて、誤ってお皿を割ってしまいました。お皿がたくさん割れました。

ジュリーは、台所で遊んではいけません、と言われているのに、ふざけてお皿を1枚割ってしまいました。

図7-4　善悪の判断の変化 (高尾, 2001)

■ 他律から自律へ、結果から動機重視への変化

「規則」という概念は、どのように獲得されるのか、またいかに活用されるのだろうか。ピアジェ（Piaget, 1932/1957）は、子どもの遊びを観察して大きく3段階あることを明らかにした。最初の段階の2～3歳では、子どもたちは遊びの中に社会的な意味を把握していないが、4、5歳になると規則の認識が芽生え、「順番こ」などの簡単なルールを用いることができるようになる。大人の言うことに従うべき、絶対に破ってはいけないといった考えが強くなる。ところが10歳以降になると友だちとのかかわりの中で、規則に社会的な意味合いを感じ、仲間との合意があれば規則を変えることができると考えるようになる（**自律的道徳性**）。同様にピアジェは、嘘や過失、盗みをテーマに善悪の判断の発達を検討した。図7-4のように、知らないでドアを開けコップを15個割ってしまった話と、戸棚からジャムを取ろうとコップを1個割った話を聞かせてどちらの子が悪いかを尋ねた。その結果、幼児の大半はたくさん割った方が悪いと判断したが、10歳以降になると意図を汲むようになり、結果を重視する客観的責任判断から、意図を重視する主観的責任判断への変化が見出された。

自律的道徳性：大人の考えが絶対的に正しいと考えていたのが、10歳頃になるとしだいに仲間との合意で決めたルールを受け入れるといった柔軟な思考を身につける。

表7-2　公正概念の発達段階 (渡辺, 1986)

段 階	概 要
0-A	行動を起こしたいという欲求から選択。理由を正当化しようという意図はなく、ただ欲求を主張することのみ（例："それを使いたいから得たい"）。
0-B	依然、欲求中心だが、外見的特徴や性などに基づいて理由づけするようになる（例："女の子だからいちばんたくさん欲しい"）。目的は変わりやすく、自分を有利にする傾向がある。
1-A	厳密な平等性の概念からなる（例："みんな同じだけもらうべき"）。平等はけんかや葛藤を避けるものとして考えられる。一方で柔軟性に欠ける。
1-B	行動の互恵的概念からなる。人は善・悪に対してお返しを受けるべきだと考える。メリットや功績の概念が現れるが、まだ一方的で柔軟性に欠ける。
2-A	さまざまな人が存在しているが、人間的価値は等しいということが理解されている。ただ選択理由は主張（競争）を避け、量的に妥協しようとする（例："彼はいちばん多く、彼女は少し"）。
2-B	互恵、平等、公平の真の意味を考える。さまざまな人の主張や状況の特殊性を理解する。したがって、場面により判断理由は変わる。基本的には誰もが当然、分け前をもらうべきだという考え方。

❷ 公正観の変化

　こうした善悪の基準には、ずるい、ずるくないといった公正さの認識が大きく関連することに注目し、デーモン（Damon, 1977）は、個別に幼児から児童を対象に、ものを分配するときにどのような判断基準が用いられているかを発達的に検討した。異なる貢献度や状況の子どもが登場する話を読み聞かせて、報酬をどのように分けることが公正かを尋ねたところ、表7-2にあるように6つの段階が存在することが明らかになった。最初は、理由を主張することもなく自己中心的に判断する段階から、しだいに利己的な考えを主張する段階に変わり、やがて均等に分けることが頑なに主張されるようになる。そのうち、貢献度や能力に応じて分配することが公正と考えられ、さらに、必要性に応じて分けることの公正さが理解されるようになる。最終的には各人の立場を考慮しつつ、公正という価値について深く考えるようになる。日本でも同様の発達段階が妥当なことが明らかにされたが、貢献度や能力に応じて分ける公平分配よりも均等に分ける平等分配の選好が強い傾向が見られた（渡辺, 1986）。

4 難しい感情のマネジメント

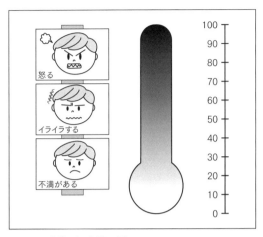

図 7-5　感情の温度計の例 (渡辺, 2019 をもとに作成)

感情リテラシー：
社会や文化を通
して学びうる、
また対人関係の
理解に必要な基
礎能力。教育可
能になるスキル
に近い意味から、
教師や実践家に
用いられる。

🞑 感情について理解する —— 感情のリテラシーの発達

　感情を適切に理解するということは、自分の感情をことばで表現できるだけではなく、さらに感情の強さや質についても、より分化して認識できることである。感情を分化して認識できるようになると、感情についての理解が深くなる。たとえば、「感情の温度計」というワーク（図7-5）は、感情を数値化し、その強さを理解しコントロールできるようにする支援でよく活用されている。Wintre & Vallence (1994) の研究があるが、4歳から8歳の子どもに短文を読ませ、主人公がその感情をどの程度感じているかを5段階で評定させたところ、平均7歳9ヵ月で、相反する感情を複数感じることができ、さらにその気持ちの程度も区別できるようになることを明らかにしている。わくわくするけれど不安といった、入り混じった感情については、日本でも8歳、10歳、12歳の児童を対象に調べられている（久保, 1999）。ある作品の登場人物の気持ちを児童にインタビューしたところ、ポジティブとネガティブ両方の感情を言語化し、理由を説明できるようになるのは、おおむね10歳以降であったが、12歳でも適切に説明できたのは約3分の1であった。

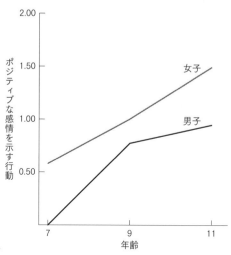

図7-6　社会的表示規則の獲得 (Saarni, 1984 より作成)

2 がっかりするプレゼントでも笑み —— 社会的表示規則

社会的表示規則：ソーシャルディスプレイルールとも呼ばれる。与えられた状況で、子どもがその社会や文化において適切な感情表現をすること。

　サーニ（Saarni, 1979）は、6、8、10歳児を対象に、「がっかり課題」と呼ばれる仮想のシナリオを与え、主人公が本当の感情を隠して、それとは異なる感情を表出することができるかどうかを検討した。欲しくないプレゼントをもらったときにどのような表情をとるかを考えさせ、4種類の表情写真から選ばせる方法が用いられた。理由が尋ねられた結果、6歳児や8歳児に比較して10歳児は状況に適切な表情を選択することができると報告されている。その後、一定の作業をさせ、お礼としてがっかりするようなおもちゃがプレゼントされるという実際の場面を設定して、同様のことを検討したところ、子どもの表情は、ポジティブ、ネガティブ、移行反応（ひそかに笑う、顔を隠すなど）が観察された。その結果、年齢が上がると、相手を傷つけないよう、ポジティブな表情を表出することが増加することが明らかになった。1984年の結果でも同様の傾向が明らかになっており（図7-6）、感情を意図的に表出できるようになると、他者と円滑な対人関係を築くことが可能となる。

5 怒りを爆発させないために！

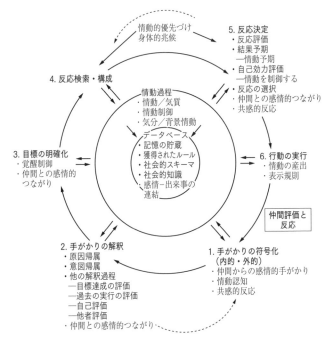

図 7-7　社会的情報処理における情報過程と認知モデルの統合 (渡辺, 2019)

❶ 情報処理をしながら問題解決！ ── 社会的情報処理理論

　ストレスに直面したときに、たたく、悪態をつくといった攻撃行動を選ぶ子どもと、謝る行動を選ぶ子どもが存在するのはなぜだろうか。廊下を歩いていたときに、肩がぶつかったときなどを考えても、「わざとしたな！」とつかみかかる子どももいれば、「ごめんね」と謝る子どももいる。こうした選択される行動の違いを説明する理論に社会的情報処理理論がある (Crick & Dodge, 1994)。この理論は、問題が生じて解決されるまでに、いくつもの情報処理のステップがあることを仮定する。すなわち、状況からの手がかりがまず符号化され（どれくらいのぶつかり方だったのか）、解釈（わざとだったのかどうか）、関係性の目標設定（今後も仲良くしていきたいかどうか）、そして反応検索と構築（適切な反応を長期記憶から検索）、行動選択を行うといったステップである。図 7-7 のように、

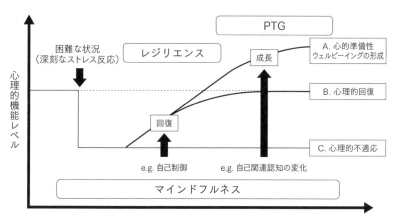

図7-8　困難な状況からの回復や成長のプロセスモデル（上野ら, 2016を一部修正）

内側の円には過去の経験や知識、情動制御のためのスキルが想定され、各ステップに影響を及ぼしていると考えられる。攻撃的な行動を選ぶ子どもは、各ステップの問題や、プログラム上で、ステップを飛ばしている可能性が想定される。

2　凹んでも立ち上がる！── レジリエンス

　ストレスを感じる場面に直面したときに、誰でも多少落ち込むことがあっても元に戻ろうとする回復力がある。これは**レジリエンス**と呼ばれる（Masten et al., 1990）。適応への力動的なプロセス、あるいは落ち込んで回復するプロセスとしても考えられており、研究者により定義が異なる。類似した考えに、困難な経験に伴う精神的葛藤の結果生じるポジティブな心理的変容として心的外傷後成長（posttraumatic growth: PTG）という考え方もある。また、こうしたプロセスを経ず、落ち込んだまままさまざまな症状に悩まされるPTSDの状態に陥ってしまうものもいる。図7-8のような回復力の違いを示す研究もある。内的な要因として、I am（個人の特性）、I can（個人のコンピテンス）、I have（環境要因の認知）などが想定されている。レジリエンスが高い人は、感情のコントロールがうまく、向社会的行動をとる傾向が高いなどと指摘されている。

レジリエンス：
困難な状況にもかかわらずうまく適応する能力や、結果までを含めるダイナミックなプロセスと考えられている。

ソーシャルスキルはどうやって獲得されるのか

インストラクション

モデリング

リハーサル

フィードバック

チャレンジ（ホームワーク）

図7-9　ソーシャルスキルトレーニングの基本的な指導法 （渡辺, 2017）

❶ 人付き合いのコツ

　学校で考えられるソーシャルスキルは「他の人との関係を円滑に築きそして維持するための考え方、感じ方、ふるまい方」として捉えることができる。決して要領の良さではない。社会という他人との共同体において自律して生きていくために、どうしても必要な社会の考え方や期待されるものである。抽象的に捉えるのではなく、具体的なイメージをもつスキルとして捉える。目標とし習得するソーシャルスキルはターゲットスキルと呼ばれるが、抽象概念を「見える化」し、子どもが理解できるフォームに落とし込むことが必要である。子どもたちの問題を性格のせいにすると、子どもの人格全体にレッテルを貼り付けてしまうことになり余計に問題行動を強めてしまう場合があることから、原因をソーシャルスキルが未熟、あるいは不足していることと捉える。支援する方法は図7-9のようにソーシャルスキルトレーニングと呼ばれ、「インストラクション」「モデリング」「リハーサル」「フィードバック」「チャレンジ」という技法が活用される（渡辺ら, 2019）。

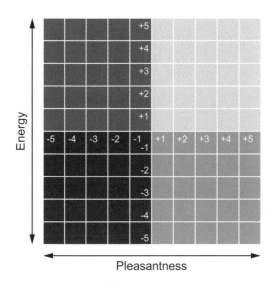

図7-10　ムードメーターの例（Yale Center Emotional Intelligence をもとに作成）

2 ソーシャル・エモーショナル・ラーニング

　良好な対人関係を築き維持するために、感情コンピテンスやソーシャルスキルが必要であることは実証されてきている。子どもの時の社会性や感情の発達が、学業達成や社会適応とも関係していることが近年明らかにされ、ソーシャル・エモーショナル・ラーニング（SEL）という枠組みでさまざまな支援のエビデンスが蓄積されてきている。ソーシャルスキルや感情リテラシーが成熟すると、学校生活において先生や友だちとうまくコミュニケーションすることができる。そのため、**アクティブラーニング**がカリキュラムとして積極的に取り入れられている現在の教育現場では、学習意欲を高め、学力を向上させることにつながると考えられる。こうした枠組みから、さまざまな教材が開発されているが、図7-10 の「**ムードメーター**」は世界で広く活用されている。横軸は快不快で、縦軸はエネルギーを表し、感情が4つのゾーンに分けられることを示している。獲得している感情語彙や一日の感情の変化など感情についての知識や調節の仕方を獲得することができる（Bracket et al., 2015）。

アクティブラーニング：主体的で対話的といった能動的な学びへの参加を取り入れた教授・学習法の総称。グループワークなどが方法の一つとして挙げられる。

ムードメーター：感情をメタ的に認知させるスキルを学ぶことができる。たとえば、右上のゾーンは快感情でエネルギーが高いことから、喜び・達成感など、右下は快感情でエネルギーは低いことから、まったりなどの感情が想定される。

■ 引用・参考文献

Bracket, M. A., Elbertson, N. A. & Rivers, S. E. (2015). Applying theory to development of approaches to SEL. In A. Durlak, C. E. Domitrovich, R. P. Weissberg & T. P. Gullotta (eds) *Handbook of social and emotional learning* (pp. 20-32). New York: Guilford Press.

Crick, N. R. & Dodge, K. A. (1994). A review and reformation of social information-processing mechanisms in children's social adjustment. *Psychological Bulletin*, 115, 74-101.

Damon, W. (1977). *The social world of the child*. San-Francisco: Jossey-Bass.

Damon, W. & Hart, D. (1988). *Self-understanding in childhood and adolescence*. New York: Cambridge University Press.

Harter, S. (1982). The perceived competence scale for children, *Child Development*, 53, 87-97.

Harter, S. (1999). *The construction of the self : developmental and sociocultural foundations*. Guilford Press.

久保ゆかり (1999). 児童における入り混じった感情の理解とその発達　東洋大学児童相談研究, 18, 33-43.

Masten, A. S., Best, K. M. & Garmezy, N. (1990). Resilience and development: Contributions from the study of children who overcome adversity. *Development and Psychopathology*, 2, 425-444.

Montemayor, R. & Eisen, M. (1977). The development of self-conceptions from children to adolescence. *Developmental Psychology*, 13, 314-319.

Piaget, J. (1932). *The moral judgement of the child* (translated by M. Gabain). New York: Harcourt (大伴茂 (訳) (1957). 児童道徳判断の発達　同文書院)

Rosenberg, M. (1979). *Conceiving the self*. New York: Basic Books.

Saarni, C. (1979). Children's understanding of display rules for expressive behavior. *Developmental Psychology*, 15(4), 424-429.

Saarni, C. (1984). An observational study of children's attempts to monitor their expressive behavior. *Child Development*, 55(4), 1504-1513.

Selman, R. L. (1976). Social-cognitive understanding: A guide to educational and clinical practice. In T.Lickona (ed.) *Moral development and behavior: Theory, research, and special issues*. New York: Holt, Rinehart and Winston.

Selman, R. L. (2003). *The promotion of social awareness: Powerful lessons from the partnership of developmental theory and classroom practice*. New York: Russell Sage

Foundation.

Shaffer, D. R. (2009). Social and personality development (6th ed.). Belmont, CA: Wadsworth.

高尾正 (2001). 良い子・悪い子・普通の子 川島一夫 (編著) 図でよむ心理学 発達 (14章) 福村出版

上野雄己・飯村周平・雨宮怜・嘉瀬貴祥 (2016). 困難な状況からの回復や成長に対するアプローチ──レジリエンス、心的外傷後成長、マインドフルネスに着目して 心理学評論, 59(4), 397-414.

渡辺弥生 (1986). 分配における公正観の発達 教育心理学研究, 34, 84-90.

渡辺弥生 (2001). VLF による思いやり育成プログラム 図書文化社

渡辺弥生 (2016). 児童の感情リテラシーは教育しうるか──発達のアウトラインと支援のありかた エモーション・スタディーズ, 2(1), 16-24.

渡辺弥生 (2017). ソーシャルスキルトレーニングの"これまで"と"これから"──介入に予防に、そして教育へと 日本学校心理士会年報, 10, 25-32

渡辺弥生 (2019). 感情の正体──発達心理学で気持ちをマネジメントする 筑摩書房

渡辺弥生・藤枝静暁・飯田順子 (2018). 小学生のためのソーシャルスキルトレーニング──スマホ時代に必要な人間関係の技術 明治図書

Wintre, M. G. & Vallance, D. D. (1994). A developmental sequence in the comprehension of emotions: intensity, multiple emotions, and valence. *Developmental Psychology, 30* (4), 509-514.

兄のやり方をじっと見つめる弟。多くのスキルは、観
察学習を通じて獲得される。きょうだいで料理に挑む
二人の姿から、親を思いやる心が育まれていることが
わかる。

8章

「わからないことがわかる」とは？

メタ認知による俯瞰と行動の調整

　テストで悪い点を取ったとき、あなたはどうするだろうか。次のテストに向けて苦手な部分を集中的に勉強したり、テストの形式に合わせて勉強方法を工夫したりするかもしれない。このように、自分で自分をモニタリングして（例：苦手な部分を捉える）、行動をコントロールする（例：苦手な部分に勉強時間を割く）活動のことをメタ認知的活動と呼ぶ。メタ認知を働かせることで、私たちは自分を俯瞰的に捉え、目標に向けてよりよい行動を選択できる。本章では、こうしたメタ認知の特徴を学ぶとともに、メタ認知能力がどのように発達していくのかを理解することを目的とする。また、話し合いのような個人間での活動がメタ認知を促す可能性を考えることで、他者との相互作用に基づくメタ認知にも視野を広げて思考を深めていく。

> **予習課題** 学習に取り組むときの自分には、どのような特徴があるでしょうか。自分を俯瞰的に捉えて、良い点、改善すべき点など、思いつく限り挙げてみましょう。
>
> **復習課題** 今後、自分の学習活動をより効率的かつ効果的にするためには、どのような工夫ができるでしょうか。本章の内容をふまえてメタ認知の観点から考えてみましょう。

1 メタ認知の特徴

図 8-1　メタ認知を説明する図式 (Nelson & Narens, 1990 をもとに作成)

1 メタ認知とは

　メタ認知 (meta cognition) の説明をするために、「メタ」と「認知」のそれぞれの意味を押さえておきたい。メタ (meta) とは、「高次の」「～の後の」といった意味をもつ接頭語である。そして、心理学における認知 (cognition) とは、頭の働き全般 (注意、学習、言語処理、問題解決など) を指す用語である。つまり、メタ認知とは頭の働き全般をより高次に捉える活動であり、端的に表現すれば「自分の認知を (より高次の視点から俯瞰的に) 認知すること」だと言えるだろう。

　メタ認知を理解するためには、メタ認知的知識、メタ認知的モニタリング、メタ認知的コントロールの3側面を捉える必要がある。メタ認知的知識とは、認知についての知識のことであり、(1) 人間の認知についての知識 (例：私は作文が苦手だ)、(2) 課題についての知識 (例：感想を書く作文より、意見を書く作文の方が一貫性を求められる)、(3) 方略についての知識 (例：意見文を書くときは、反対立場の読み手を想定して、反論に応答するつもりで書くとよい)、といった3種類の知識を含むことがフラベル (Flavell, 1979) により指摘されている。

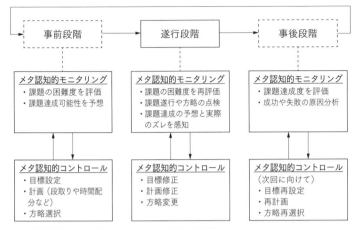

図 8-2　課題遂行の各段階におけるメタ認知的活動 (三宮, 2008)

❷ メタ認知的モニタリングとコントロール

　メタ認知的モニタリングとは特定の認知活動の進捗状況や現在の状態を査定あるいは評価することであり、メタ認知的コントロールとは進行中の認知活動を調整することである (Dunlosky & Metcalfe, 2009/2010)。これらの関係性は図 8-1 のように表現できる。対象レベルでは認知活動（例：作文）が進行しており、メタレベルではその進捗をモニタリングし（例：論の一貫性を評価する）、進行中の認知活動についてのモデルを形成する。このモデルは、メタ認知的知識（例：論が一貫しているのが良い文章だ）によっても特徴づけられる。そして、必要に応じてメタレベルは対象レベルをコントロールして調整する（例：論が飛躍している部分を補う）。このサイクルを通して、我々は次の（将来の）行動を調整していると考えられる。

　三宮 (2008) は図 8-2 により、学習活動におけるモニタリングとコントロールのプロセスをまとめている。この図では、学習活動中（遂行段階）のメタ認知だけでなく、活動前（事前段階）・活動後（事後段階）のメタ認知もその後の学習活動を特徴づけることが表現されている。こうしたメタ認知の循環的なプロセスは、**自己調整学習**の達成においても重要な役割を担っている。

自己調整学習
(self-regulated learning)：学習者が自らの学習プロセスに能動的にかかわる学習を指しており、そのプロセスには動機づけの要因やメタ認知の要因が含まれる。

メタ認知はどのように発達するの？

■1 認知の発達とメタ認知

　メタ認知の発達と関連する認知発達の一つに、4歳頃に認められる「心の理論」(5章参照) の獲得がある。自分が知っている事実とは異なることを他者が信じている (あるいは、過去に自分が信じていた) と判断できることは、子どもが自分の信念の適用範囲を考慮して出来事を理解し、判断していることを示している。このように、自分の信念を俯瞰的に捉えることは、メタ認知能力の一つであると言えるだろう。

　ただし、幼児期のメタ認知は十分に発達しておらず、児童期にかけてしだいに発達していくと考えられる。たとえば、記憶方略に関する研究として、Yussen & Levy (1975) は4歳児を対象に無関係な10個の事物を覚えるように求めた。その結果、半数の子どもが「すべて覚えた」と自己評価したものの、実際に覚えられていた個数は約3個であった。しかも、そうした経験をしても、ほとんどの子どもは自分の記憶力に対する自己評価を変えなかった。つまり、幼児は記憶の結果を知ってもなお、自分の記憶方略を変えるべきだというメタ認知は働かせていなかったと言える (ただし、これは実験的な状況が設定されているためであり、**生態学的妥当性**が高い状況では幼児でも適切な記憶方略を用いる可能性が指摘されている。例：Wellman et al., 1975)。

生態学的妥当性：1章4節を参照。

　児童期になると、適切な記憶方略を選択・説明できるようになる。たとえば、Kreutzer et al. (1975) は、複数の絵を覚えるとき「絵だけを見て覚える子」と、「絵を見ながらそれらを関連づけるストーリーを聞いて覚える子」ではどちらの方が絵を思い出しやすいかについて、幼稚園児と小学校3年生と5年生に尋ねた。その結果、ストーリーを聞いた子の方が絵を思い出しやすいと答えた幼稚園児は約半数であったが、3年生と5年生では大多数がストーリーを聞いた子の方を選択し、その理由も述べることができた。また、単語を覚えるために、いくつかの単語をまとめて復唱して覚えやすくするといった記憶方略の使用も、児童期以降にか

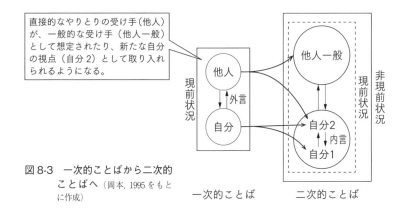

直接的なやりとりの受け手（他人）が、一般的な受け手（他人一般）として想定されたり、新たな自分の視点（自分2）として取り入れられるようになる。

他人

外言

自分

現前状況

一次的ことば

他人一般

自分2

内言

自分1

現前状況

非現前状況

二次的ことば

図8-3　一次的ことばから二次的ことばへ（岡本, 1995 をもとに作成）

けて認められるようになる（例：Ornstein et al., 1975）。こうしたメタ認知の発達は、後述する学習活動とも密接に関連すると言えるだろう。

❷ ことばの発達

　ヴィゴツキー（2001）によれば、ことばは他者とやりとりするための手段（外言）として発達し、それがしだいに内化して思考のための手段（内言）となる。たとえば、難しい文章を読んだり、問題を解いたりするとき「どこかおかしいな」とか「どうしてこうなるんだ？」と頭の中でつぶやきながら（時には口に出しながら）考えることがあるだろう。このように、内言によって認知活動を調整することは、メタ認知を支える方略の一つだと言える。

　また、岡本（1995）は、直接的な会話で用いられる「**一次的ことば**」と、現実場面から離れて不特定多数の受け手に向けられる「**二次的ことば**」とを分けて捉え、幼児期から児童期にかけて二次的ことばが獲得されると説明している。また、その移行プロセスでは、一次的ことばの受け手が取り入れられ、それが自分の中で対話するもう一人の自分として機能する可能性を指摘している（図8-3）。このように、他者とのやりとりが内化し、自分の中にもう一つの（他者の）視点を取り入れることで、メタ認知の発達が促されるのかもしれない。

一次的ことば・二次的ことば：岡本（1995）によれば、一次的ことばは「話しことば」であり、二次的ことばには「話しことば」と「書きことば」が含まれる。

3 読み書きでも欠かせないメタ認知

表 8-1　アリについての文章課題 (秋田, 2002 より作成。もとの文章は Markman, 1979 による)

●「アリ」について書かれた次の文章を読んでみてください。わからないこ
　とや気づいたことがあったら、そこに下線を引いてみましょう。

　　すべてのアリには共通している点がいくつかあります。たとえば、アリ
　は驚くほど強くて、自分の体重の何倍もの重さのものを運ぶことができま
　す。ときには自分たちの州から非常に遠いところまで行きますから、どう
　やって家に帰ったらよいかを、覚えていることができません。それで家へ
　帰る道を見つける手助けとして目に見えない跡を残す特別な方法をもって
　います。アリは行く先々で、からだから特有の科学物質を出します。アリ
　はこの物質を見ることができませんが、その物質には特有の匂いがありま
　す。それから、アリのもつもう 1 つの共通性は、鼻がないということです。
　しかし家へ帰るのに迷うことはけっしてありません。

■ 文章理解とメタ認知

　我々は文章に対するさまざまなメタ認知的知識を有している。たとえ
ば、「私は〜だと思う。たしかに〜という意見もある」という文章を読
んだとき、文章の型を知っている読み手は、その後に「しかし〜」と
いった再反論がくることを予測して文章を読むだろう。また、起承転結
や序破急といった文章構成の知識を有していれば、話の展開をある程度
予測しながら文章を読み進められるかもしれない。それは、文章理解を
促す場合もあるが、文章によっては理解を阻害する場合もある（例：予
測とは異なる文章構成の場合）。

　また、メタ認知的モニタリングやコントロールも文章理解において重
要な役割を担っている。まずは表 8-1 の課題を読んでほしい。この文章
の中で、「州」「科学物質」といった単語に違和感を覚えて、前後の文脈
から正しい言葉（それぞれ「巣」と「化学物質」）を推測したり、「物質に
匂いがある」「アリには鼻がない」「帰るのに迷わない」といった文の関
係性を疑問に思った人は、自分の文章理解をモニタリングして、推測な
どのコントロールを行っていると考えられる。こうしたメタ認知は、文
章内容の正しい理解や、**批判的読解**において不可欠だと言える。

批判的読解(critical reading)：立論の適切性や一貫性、データや根拠の妥当性、信頼性を確認するといった批判的思考（critical thinking）に基づく文章の読み方。

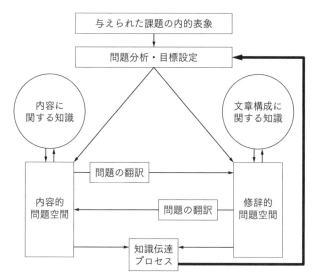

図 8-4 文章産出における知識変形モデル（Bereiter & Scardamalia, 1987 より作成）

2 文章産出とメタ認知

Bereiter & Scardamalia（1987）は、熟達者の文章産出プロセスを知識変形モデル（knowledge-transforming model）と呼び、図8-4のように表現した。このモデルでは、与えられた課題から、何を問題とし、何を目標とする文章を書くかが決定され、「内容的問題空間（何を書くか）」と「修辞的問題空間（どう書くか）」が相互に影響し合いながら文章産出が達成されるプロセスが示されている。

ここで重要な点は、知識伝達プロセスという文章産出段階を経て、もう一度問題と目標に立ち戻って文章を捉え直すメタ認知のプロセスが表現されている点である。つまり、熟達者は文章を書いた後、文章が問題や目標に照らして適切な内容となっているかどうかをモニタリングし、必要に応じて加筆（コントロール）する推敲を行っているのである。

なお、児童など文章産出に不慣れな書き手にとって、推敲は困難な場合もある。その場合には、**読み手**からフィードバックを受けるなど、他者にモニタリングの一部を手助けしてもらうことで、読み手に合わせた質の高い推敲が促されると考えられる（Boscolo & Ascorti, 2004）。

読み手：文章産出において読み手を想定し、読み手の知識や反応を推定することは「読み手意識（audience awareness）」と呼ばれ、文章産出能力の発達において重要な要因とされている。

4 効果的な学習をするために

表 8-2　歴史の学習方略（村山, 2003 より作成）

拡散学習方略	•歴史に関する本や雑誌を読んだりする。 •歴史に関するテレビや映画を見たりする。 •友だちや家族と、歴史に関する話などをする。 •テストに出なさそうなところも興味があったら調べてみる。
マクロ理解方略	•細かいことは気にせず、まず大きな流れを把握する。 •細かいことを覚えるより、大きな流れをつかもうとする。 •まず全体的な流れをつかんでから、細かい語句を覚える。 •各時代の全体像をつかむことを重視する。
ミクロ理解方略	•歴史で習ったことを、ノートや頭の中で自分なりにまとめてみる。 •分からない言葉の意味を、自分で調べたり人に聞いたりする。 •黒板に書かれたものは、それがどういうことかを頭で確認してからノートやプリントに写す。 •歴史上の事件や戦争について、その内容を理解しようとする。 •歴史で習ったできごとを、起こった順番に整理してみる。
暗記方略	•意味の分からない語句がでてきても、まずとにかく覚える。 •全体を理解する前に、語句を覚えることから始める。 •なぜそうなるのかはあまり考えずに暗記をする。 •重要そうな語句はとりあえずまる覚えをする。

1 学習方略

学習の効果を高めることを目指して意図的に行う心的操作あるいは活動のことを「学習方略」と呼ぶ（辰野, 1997）。適切な学習方略を選択し、実行することは学習の効果を高める上で不可欠だと言える。

学習方略には、学習全般を対象とした方略と教科に応じた方略がある。前者としては、目標を設定することや、目標の達成度に応じて学習を調整するといったメタ認知的な方略もあれば、勉強しやすい環境を整えるといった方略も含まれている。一方、後者としては、表 8-2 に示すような方略が例として挙げられる。これは中高生を対象とした調査（村山, 2003）によって確認された歴史の学習方略である。学習者はこれらの方略を教えられたり、自分で発見したりして学習を進めている。

学習方略を用いるためには、その方略を知識として有している必要があり、そうした方略に関する知識を有していない段階は「媒介欠如（mediation deficiency）」と呼ばれる。そして、方略を知識として有しているにもかかわらず、その方略を用いない段階は「産出欠如（production deficiency）」と呼ばれ、その主たる原因として「有効性の認知」と「コスト感」の要因が指摘されている。

❷ 適切な学習方略を用いるために

　有効性の認知とは、その方略を用いることが実際に有効であるという方略使用の結果に対するメタ認知的知識である。関連して、その方略がどのような状況で効果的であるかを判断するための知識も必要になる。コスト感とはその方略を用いることに対する認知的負荷の高さといったコストの認知である。たとえば、教科書や参考書に載っている解法を丸暗記するのではなく、それ以外の解法を自分で調べたり、考えたりすることが効果的な学習方略であると知っていたとしても、そのことに高いコスト感を感じる学習者は、こうした学習方略は使用しないと考えられる。また、学習者が学習方略を使用するためのスキルを有していない場合も、コスト感は強く感じられるだろう。

　さらに、方略を実際に用いてみたものの、それが効果的に機能しない「利用欠如（utilization deficiency）」の段階がある。たとえば、教科書に載っている以外の解法を調べてはみたが、調べる対象が適切でなかったり、新たな解法を理解できない場合は利用欠如の状態だといえる。こうした場合には、その方略が有効に機能する状況に関するメタ認知的知識を伝える（考える）ことや、方略を適切に用いるための具体的な方法を教えることが効果的な支援になると考えられる。

　そもそも、学習者は学習方略をどのように用いているのだろうか。吉田・村山（2013）は、「学習方略の専門家が有効だとする方略をなぜ学習者は使わないのか」という問いのもとで、中学生の数学の定期テストに向けた学習方略について調査を行った。その結果、学習者は自分が有効だと評価する学習方略を使用する傾向にあるものの、その評価は専門家の評価と関連していない可能性が示された。つまり、学習者は「適切な学習方略を知っているのに用いていない」というよりも、「学習方略の有効性やコスト感について考えていない」可能性が高いと推測される。したがって、指導の際には、学習方略を教えるだけでなく、学習者が自覚的に方略を用いるためのメタ認知的知識（例：方略を適用すべき課題やその効果）を伝える必要があると考えられる。

表8-3 「かわいそう」についての話し合い場面 (小野田, 2014 より作成)

発話者	発話内容
シンジ：	縄跳びが1回、1回しか跳べなくて<u>かわいそう</u>だから、もうちょっと、もうちょっと縄跳びを跳ばせてあげたいなって気持ち。
	－略－
タイキ：	それでかわいそうは、僕は出てこなくて、もっとがんばれ、がんばれーって感じで、<u>かわいそうは出てこないよ絶対</u>。
教　師：	かわいそうって、どういうときに使う言葉だなってタイキ君は思う？
タイキ：	かわいそうは、ぼくは、あのー。 （黙って考え込んだ後） たとえば、なんか、ここが、転んで、<u>転んじゃってかわいそうって思うし……</u>。
教　師：	みんなタイキ君の言ってること分かるかな？　みんなはどんなときにかわいそうって言葉を使う？
シンジ：	あのー、え、あのー、ちょっとタイキ君て、あの。それどっか<u>怪我してかわいそうだなっていうときは、ちょっと小さいようなかわいそうで、こういう、みんなと、ちょっと関係があるのは、あの、大きいかわいそう</u>。
教　師：	乙武さんはどうなの？
シンジ：	<u>みんなと関係してるから、大きいかわいそう？</u>

注：下線部は「かわいそう」についての児童の発話。

■ 意見が異なる他者との対話

　意見が異なる他者と話し合うことは、自分の意見や思考について「そもそも自分はなぜそう思っているのか」と考えるきっかけになる。

　表8-3は小学校3年生の道徳授業の一部である。この授業では、四肢に障害のある乙武洋匡さんが小学生の頃に縄跳びを跳ぼうとしたが、1回しか跳べなかったというエピソードについて児童が話し合っていた。乙武さんが縄跳びを1回しか跳べないことに対してシンジが「かわいそう」と表現したことに対し、タイキは「かわいそうではない」と反対し、議論が続いていく。そこで、教師が「かわいそう」の意味を問うと、タイキは「かわいそう」の意味を考え始め、悩んだ末に転ぶとかわいそうだと述べる。すると、タイキによる「かわいそう」のメタ認知プロセスを聞いていたシンジは「かわいそう」にいくつかの意味があると気づく。シンジは同じ「かわいそう」ということばであっても、自分とタイキとでは使い方が異なっており、それが意見の違いの原因となっていることに気づいたのだと言える。このように、意見が異なる他者と対話するこ

表 8-4　盲導犬についての話し合い場面 (小野田, 2015 より作成)

発話者	発話内容
コウタ：	犬とかは、しつけとか、<u>盲導犬とか、盲導犬とかなんかそういう……目の見えない人とかについて行ったりするから。</u>猫はそういうことはできないと思うから。
教　師：	(少し反応を待ってから) いい？　じゃあ次……。
	－ 8 分後 －
教　師：	はい、サツキさん。
サツキ：	えと、犬は、<u>盲導犬の犬もいて、頭が良さそう。</u>
児　童*：	あー！　あ、そっか！ いいねー！ 犬だけだもんねー。
サツキ：	そう！　で、一緒に遊んでも、ボールを投げたら、取ってくれたり。

* 「児童」は複数児童の発話であったことを示している。
注：下線部は「盲導犬」についての児童の発話。

とは、自分のことばや思考の根拠をメタ的に捉え直し、新たな意味を発見するといった有意味な学習を促すこともある。

❷ 時間経過に伴う発話への認知の変化

　話し合いでは、時間の経過に伴って発話への認知が変化することがある。これを小野田 (2015) は「再評価的反応」と呼んでいる。

　表 8-4 では、犬と猫のどちらを飼いたいかに関する小学校 3 年生の議論プロセスを示している。はじめ、コウタは盲導犬に関する発話によって犬の利点を示すが、周囲から反応は生起せず、そのまま次の発話が続く。しかし、その後にサツキが同じように盲導犬に関する反復発話を行うと、周囲からは (まるで初めて聞いたかのような) 強い賛同的反応が見られ、サツキは満足した表情でさらなる犬の利点を提示していた。

　もちろん、発話への評価は、誰がどのタイミングで発話するかによっても異なる可能性がある。しかし、発話への評価が必ずしも固定的でなく、時間の経過によって捉え直されることもあるということは、議論に関するメタ認知的知識として知っておく必要があるだろう。即時的なやりとりだけでなく、発話のメモや記録をとり、過去の発話も含めたメタ的な視点から議論を進めることは、時間的・文脈的な厚みをもった**議論活動**を実現する上で重要な工夫になると考えられる。

議論活動への支援：議論を組織する際には、知識獲得や情報探索を促すなどの内容に関連する支援と、聞き方や答え方など参加の仕方に対する支援が必要とされる。

メタ認知を支えるために

表8-5 「思いやり」についての話し合い場面 (筆者のデータより作成)

発話者	発話内容
教 師：	その辺りはどう？　ケンジくんがやってる行動は、思いやりで、シンゴくんに対して思いやりがあるって考えていいの？
タクマ：	おせっかい。
教 師：	<u>おせっかい。ああ。</u>
タクマ：	(少し考えてから) こういう風なことを、何回も繰り返したら、もっとこういう、シンゴくんがたくさんやって、それで、あーいいや別に、ケンジくんが謝ってくれるからいいやみたいな感じになっちゃう。

注：下線部は教師のリヴォイシング発話。

◼ 教師の発話

　学校教育において、教師は学習者のメタ認知を促す発話を多く行っている。たとえば、学習者の回答や発話に対して質問を行うことは、学習者のメタ認知を促す働きかけとなる (例：5節の表8-3)。また、先行する発話を繰り返したり、言い換えたりする教師の**リヴォイシング** (revoicing) も、学習者のメタ認知を促すと考えられる。

　表8-5は小学校3年生の学級において、教材の登場人物である「ケンジ」の行動に対して生起した話し合いである。タクマは「ケンジ」の行動を「おせっかい」と表現する。これに対し、教師はその発話を復唱しながら受容するリヴォイシングを行う。すると、その発話を受けてタクマはさらに「おせっかい」と自分が表現した理由を発話する。このように、発話を繰り返しているだけに見えるリヴォイシングは、学習者の発話を受け止めるだけでなく、さらなる発話や思考の機会を与えることで発話内容に対するメタ認知を促す場合がある。こうした相互行為は教室談話として共有され、他の学習者は誰がどのように考えていたかをふまえながら、学習内容への理解を深めると考えられる (一柳, 2009)。

◼ ツールによる支援

　話し合い活動では、論題について考え、他者の発話を聞き、その発話を保持し、応答を考え、適切なタイミングで発話するといった行為を同時並行的に行う必要がある。こうした活動は認知的負荷が高く、そのプ

リヴォイシング：媒介、受容、疑問、否定といった機能を有し、主導権の維持、授業テンポの調整、明示的な評価の回避のために用いられることがある (藤江, 2000)。

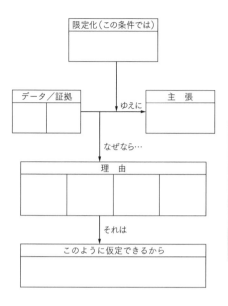

左図:
限定化(この条件では)

データ／証拠　　ゆえに　　主　張

なぜなら…

理　由

それは

このように仮定できるから

右図:

賛成論	論題	反論
・意見①		・意見(1)
・意見②		・意見(2)
・意見③		・意見(3)
・意見④		・意見(4)

重要な質問

上の意見を読んで、以下の質問に答えましょう

	○をしましょう	どの意見？
他の人にとって重要でない意見はありますか？	はい　いいえ	
適切でない意見はありますか？	はい　いいえ	
問題の解決策はありますか？	はい　いいえ	
その解決策は実行できますか？（コストを考慮して）	はい　いいえ	
他の意見や、説明の可能性を考えつきましたか？	はい　いいえ	

統合

どちらの立場が強いか（あるいは弱いか）について理由を説明しましょう。あるいは、両立場の問題を解決する策を述べましょう。

図 8-5　意見を可視化するためのツール例（左／ Chin & Osborne, 2010 の Argument diagrams をもとに作成。右／ Nussbaum & Edwards, 2011 の AVD をもとに作成）

ロセス内で自分の思考に対するメタ認知を働かせることは一層困難になると考えられる。

　そこで効果的な工夫となるのが、自分の思考や発話を可視化するツールを用いることである。議論前や議論中に**意見を可視化**しておくことで、その内容を保持しやすくなり、さらに可視化された考えがモニタリングの対象となることで、新たな考えを創発するリソースとなる可能性もある（三宅, 2000）。ツールの例として、図8-5ではアーギュメント・ダイアグラム（Argument diagrams：Chin & Osborne, 2010）と、アーギュメンテーション・ヴィー・ダイアグラム（Argumentation vee diagrams, AVD：Nussbaum & Edwards, 2011）を示している。これらの図は、実際に学校の議論活動で用いられており、意見を書きとめてメタ認知を促すだけではなく、仮説検証型の思考の枠組みや、立場間の統合を目指すといった議論の枠組みとしても機能することが期待される。

意見の可視化：意見を付箋などに可視化することは、内容の保持だけでなく、意見を移動させて分類したり、意見間の関連を明確にするなど議論を深める上でも有効な手法となる（小野田ら, 2018）。

■ 引用・参考文献

秋田喜代美（2002）. 読む心・書く心 —— 文章の心理学入門　北大路書房

Bereiter, C. & Scardamalia, M.（1987）. *The psychology of written composition.* Hillsdale, NJ: Erlbaum.

Boscolo, P. & Ascorti, K.（2004）. Effects of collaborative revision on children's ability to write understandable narrative texts. In L. Allal, L. Chanquoy & P. Largy（eds）, *Revision: Cognitive and instructional presses*（pp. 157-170）. Boston: Kluwer.

Chin, C. & Osborne, J.（2010）. Supporting argumentation through students' questions: Case studies in science classrooms. *Journal of the Learning Sciences*, 19, 230-284.

Dunlosky, J. & Metcalfe, J.（2009）*Metacognition.* Thousand Oaks, CA: Sage Publications.（ダンロスキー，J.，メトカルフェ，J.，湯川良三・金城光・清水寛之（訳）（2010）. メタ認知　基礎と応用　北大路書房）

Flavell, J. H.（1979）. Metacognition and cognitive monitoring: A new area of cognitive-developmental inquiry. *American Psychologist*, 34, 906-911.

藤江康彦（2000）. 一斉授業における教師の「復唱」の機能 —— 小学 5 年生の社会科授業における教室談話の分析　日本教育工学雑誌，23, 201-212.

一柳智紀（2009）. 教師のリヴォイシングの相違が児童の聴くという行為と学習に与える影響　教育心理学研究，57, 373-384.

Kreutzer, M. A., Leonard, C. & Flavell, J. H.（1975）. An interview study of children's knowledge about memory. *Monographs of the Society for Research in Child Development*, 40, 1-60.

Markman, E.（1979）. Realizing that you don't understand. *Child Development*, 50, 643-655.

三宅なほみ（2000）. 建設的相互作用を引き起こすために　植田一博・岡田猛（編著）協同の知を探る —— 創造的コラボレーションの認知科学（pp.40-45）共立出版

村山航（2003）. 学習方略の使用と短期的・長期的な有効性の認知との関係　教育心理学研究，51, 130-140.

Nelson, T. O., & Narens, L.（1990）. Metamemory: A theoretical framework and new findings. In: G. Bower. *The psychology of learning and motivation: Advances in research and theory*（pp. 125-173）. New York: Academic Press.

Nussbaum, E. M. & Edwards, O. V.（2011）. Critical questions and argument stratagems: A framework for enhancing and analyzing students' reasoning practices. *Journal of the Learning Sciences*, 20, 443-488.

岡本夏木（1995）. 小学生になる前後（新版）　岩波書店

小野田亮介（2014）. 根拠に基づく対話　秋田喜代美（編集）対話が生まれる教室 —— 居場

所感と夢中を保障する授業（pp.38-43）教育開発研究所

小野田亮介（2015）．討論活動における児童の聴き方と発話内容の関連 —— 賛成論と反論に対する聴き方の偏りに着目して　発達心理学研究, 26, 358-370.

小野田亮介・河北拓也・秋田喜代美（2018）．付箋による意見の可視化と分類が議論プロセスに与える影響 —— 参加者のシャイネスに着目して　日本教育工学会論文誌, 41, 403-413.

Ornstein, P. A., Naus, M. J. & Liberty, C.（1975）．Rehearsal and organizational processes in children's memory. *Child Development*, 46, 818-830.

三宮真智子（2008）．メタ認知研究の背景と意義　三宮真智子（編著）メタ認知 —— 学習力を支える高次認知機能（pp.1-16）北大路書房

辰野千壽（1997）．学習方略の心理学 —— 賢い学習者の育て方　図書文化社

ヴィゴツキー, L. S., 柴田義松（訳）（2001）．思考と言語　新読書社

Wellman, H. M., Ritter, K. & Flavell, J. H.（1975）．Deliberate memory behavior in the delayed reactions of very young children. *Developmental Psychology*, 11, 780-787.

吉田寿夫・村山航（2013）．なぜ学習者は専門家が学習に有効だと考えている方略を必ずしも使用しないのか —— 各学習者内での方略間変動に着目した検討　教育心理学研究, 61, 32-43.

Yussen, S.R & Levy, V.M.（1975）．Developmental changes in predicting one's own span of short-term memory. *Journal of Experimental Child Psychology*, 19, 502-508.

中学・高校生

「（親）部屋を片付けなさい」「（子）うぜえなー」、「（親）家族旅行に行こうよ」「（子）行かない」、「（親）もう中学生［高校生］でしょ」「（子）この前は「まだ中学生［高校生］のくせに」って言ったのに」。このようなやりとりが増える中高生は、親に対して反抗期を迎え、親子のコミュニケーションが不足がちになり、大人との関係よりも友人関係に意義を持つ。

また、学校生活では、仲間意識が強くなり仲間同士の評価を気にする反面、交流に消極的な傾向も見られる。「中学に入ってから急に友だち関係がつらい。最初は楽しかったけどグループが決まって話せる人が限られてきた。クラスで苦手な人は私をあまりよく思っていない。だから、その人たちの輪に入れなくて、一人で気を紛らわすことがある。入学して約1年経つのだから今さら仲良くなるなんて無理。最初だったら好きな芸能人の話とかで「あの人いいよね〜」って盛り上がれたのに、今さらいきなり言えない。どうしたらいいかわからない」（中2女子）。

さらに、性意識も高くなり異性への関心も高まってくる。「モテたい、彼氏欲しい。周りの子は普通に彼氏できてるのに、私はつきあったこともない」（高2女子）。「つい他の人と自分を比べてしまう。目が細いからにらんでいると思われることが多くて、笑うことができない。特に好きな子の前では緊張して何もしゃべれなくなる。意識しすぎと周りに言われるけど、プチ整形したい」（高1男子）。

そして、親や友だちとは異なる自分独自の内面の世界があることに気づき始めて自意識と客観的事実との違いに悩み、さまざまな葛藤の中で、自らの生き方を模索し始める。「友だちはみんな将来に向けて夢があるのに、俺だけない。これといって興味があるものもなくて。大学に行きなさい、じゃないと就職できないって親や先生が言うけど、大学に行く意味がわからない」（高3男子）。

このように、思春期の混乱から脱しつつ、大人の社会を展望するようになる中、大人の社会で自らの生き方について真剣に模索するためには、自己の価値を高めるとともに、周囲の支えへの感謝の気持ちとそれに応えることが大切になってくる。

9章

「自分」とは何か？

青年期の自己をめぐる諸問題

　本章では、生涯発達を念頭に置きながら、青年期の自己の発達を概観する。

　「自分とは何か」という問いは、多くの人が青年期に直面する難問である。同時に、この問いに真摯に向き合い、自分なりの答えを模索することは、青年期、あるいはそれ以降の自己の発達の基盤となる。本章では、古典的理論としてのアイデンティティから比較的最近の話題である「キャラ」の問題まで、青年期の自己にまつわるさまざまな話題を概説する。

> **予習課題** 「私は……」の後に続く文章を20個作り、その内容をもとにあなた自身の「自己」について考えましょう。
>
> **復習課題** エリクソンの発達理論における青年期の課題である「アイデンティティ」を、他の発達段階との関連を意識して説明しましょう。

1 自分と向き合う

■「自己」とは何か

高校生・大学生の70％以上が「自分についてもっと理解したい」と思っている（上瀬, 1998）。これは、「自分がよくわからない」ことの裏返しであると考えられる。

生まれたときから共にありながら、実はよくわからないのが「自己」である。特に、児童期後期から**青年期**にかけて自身の内面への関心が高まると、人は「なぜ私は私なのか」と、「自己」に対して自問自答をするようになる。天谷（2002）は、このような「私1："この私"という特別なあり方」から「私2：1回限りの現在の自己」への問いという形で経験される自己への思索を「自我体験」と呼び、一連の研究の中で約半数の青年に自我体験が確認できること、自我体験を経ることで心理的な成長が認められることを報告している（天谷, 2002；2004；2005；2017）。

ところで、「自己」は古くから哲学的な問いの中心にある。デカルト（Descartes, R.）は「我思う、ゆえに我あり」という言葉で、他のすべての事象を疑ったとしても、それを疑っている自分の存在は疑いようのないものである、という自己の根源性を説いている。しかし、人は鏡を使わなければ自分の姿を見ることができないのと同様に、自己を知るためには他者を「鏡」として利用するほかない（Cooley, 1902）。したがって、自己は実体としてあるのではなく、社会に対して開かれたものとして、他者との相互作用を通して構成されるものであると考えられる。「感覚や感情の主観的体験という、もっともプライベートにみえることが、実は他人が自分を他人として見るときの記述を倣い、自己を他人として見るということによってはじめて成り立つ」のである（下條, 1999）。

このような「自己の二重性」に初めて言及したのがジェームズ（James, W.）である。ジェームズは自己を「知る主体としての自己：主我（"I"または "self as knower"）」と「知られる客体としての自己：客我（"me"または "self as known"）」の2側面に分け、「客体としての自己」を自分

青年期：始期、終期ともはっきりしないが、およそ12歳頃から25歳頃の間を指す。自我の確立の他に、親からの精神的自立や性的成熟への適応などが課題となる。

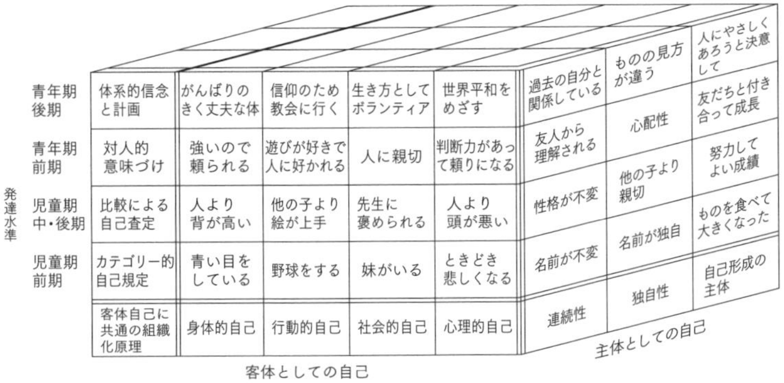

発達水準	客体としての自己					主体としての自己		
	客体自己に共通の組織化原理	身体的自己	行動的自己	社会的自己	心理的自己	連続性	独自性	自己形成の主体
青年期後期	体系的信念と計画	がんばりのきく丈夫な体	信仰のため教会に行く	生き方としてボランティア	世界平和をめざす	過去の自分と関係している	ものの見方が違う	人にやさしくあろうと決意して
青年期	対人的意味づけ	強いので頼られる	遊びが好きで人に好かれる	人に親切	判断力があって頼りになる	友人から理解される	心配性	友だちと付き合って成長
児童期中・後期	比較による自己査定	人より背が高い	他の子より絵が上手	先生に褒められる	人より頭が悪い	性格が不変	他の子より親切	努力してよい成績
児童期前期	カテゴリー的自己規定	青い目をしている	野球をする	妹がいる	ときどき悲しくなる	名前が不変	名前が独自	ものを食べて大きくなった

図 9-1　自己理解の発達モデル（Damon & Hart, 1988；山地, 1997 より作成）

についての知識体系、すなわち自己概念と呼んだ。自己は、他者との関係を通して定義されるのである。

❷ 自己の発達的変化

対象としての自己（客我）である自己概念を測定する簡便な方法に 20 答法（Who am I test とも言う）がある。これは**投影法**の一種で、「私は」の後に続く短文を 20 個作成するというものである。20 答法を用いた岩熊・槇田（1991）や Montemayor & Eisen（1977）の研究では、幼児期から青年期にかけて自己概念は分化していき、記述の中心は外的側面（身体的特徴）から関係的側面（対人関係や所属、所有）を経て内的側面（性格や信念、価値観など）へと変化していくことが示されている。

一方、デーモンとハート（Damon & Hart, 1988）は対象としての自己（客我）である自己概念だけでなく主体としての自己（主我）に対する理解も含めた、包括的な自己理解の発達を検討している。その結果、図 9-1 に示したように、主体としての自己は 3 側面（連続性、独自性、自己形成の主体）、客体としての自己は 4 側面（身体的自己、行動的自己、社会的自己、心理的自己）に分けられ、主体的自己・客体的自己のいずれも、20 答法で得られた知見と整合するような発達段階に整理することができた。

誰もが異なる自己を持ち、その存在に悩みながらも、自己は共通のプロセスに従って発達していくのである。

> **投影法**：心理測定法の一つ。あいまいな刺激に対する反応を分析し、パーソナリティなどを測定する。代表的な検査にロールシャッハテストや文章完成法がある。

								統合 対 絶望
老年期								統合 対 絶望
成人期 後期							生殖性 対 停滞	
成人期 前期						親密性 対 孤立		
青年期					アイデンティ ティ 対 アイ デンティティ 拡散			
児童期				勤勉性 対 劣等感				
幼児期 後期			自発性 対 罪悪感					
幼児期 前期		自律性 対 恥・疑惑						
乳児期	基本的信頼 対 不信							

図9-2 エリクソンの発達段階論 (Erikson, 1963/1977-1980；島, 2017 より作成)

◼️ アイデンティティとは何か

前節で自我体験について述べたが、このような青年の自分への問いか
けを通して発見・形成されるのがアイデンティティである。アイデン
ティティが確立されると、「自分は何者か」「自分の存在意義は何か」な
ど、自己を社会の中に位置づける問いに対して肯定的かつ確信的に回答
することができるようになる (Erikson, 1963/1977-1980)。

エリクソン (Erikson, 1959/1973) の発達理論の中で、アイデンティティ
は青年期の課題として位置づけられている (図9-2)。青年は自己探求の
過程で「自分」という存在を問い続けることで、アイデンティティを確
立していく。しかし、その過程で自分自身の存在意義や社会的役割を見
失うことも多々ある。これは多くの青年が一過性的に経験する自己喪失
の状態であり、アイデンティティ拡散と呼ばれる。

社会的な責任を猶予され、自己探求が保障された**モラトリアム**の時期
を過ごす青年は、自分自身の問題、親子・友人・異性など対人関係上の

> **モラトリアム：**
> 元は経済学の用
> 語で、債務の
> 支払い猶予の
> 意。エリクソン
> の発達理論の中
> では、社会的な
> 責任や義務を果
> たすことを猶予
> され、アイデン
> ティティ達成に
> 向けた危機に直
> 面している状態
> を指す。

表9-1 アイデンティティ・ステイタス

アイデンティティ・ステイタス	危 機	傾 倒	特 徴
達 成	経験した	している	幼児期からのあり方について確信がなくなり、いくつかの可能性について本気で考えた末、自分自身の解決に達して、それに基づいて行動している。
早期完了（権威受容）	経験していない	している	自分の目標と親の目標の間に不協和がない。どんな体験も幼児期以来の信念を補強するだけになっている。硬さ（融通のきかなさ）が特徴的である。
モラトリアム	その最中	しようとしている	いくつかの選択肢について迷っているところで、その不確かさを克服しようと一生懸命努力している。
拡 散	経験していない	していない	危機前：今まで本当に何者かであった経験がないので、何者かである自分を想像することができない。
	経験した	していない	危機後：すべてのことが可能だし、可能なままにしておかなければならないという意識を持つ。

(Marcia, 1966；島，2017 より作成)

問題、進学・就職といった進路の問題などに向き合う中で、他の誰とも違う、独自の存在としてのアイデンティティを確立していくのである。

2 アイデンティティ・ステイタス

　マーシャ（Marcia, 1966）は、面接の中で語られる危機（または探求：複数の可能性や選択肢に迷い、意味のある決定をしようとした経験）と傾倒（またはコミットメント：自分自身の目標や信念に基づいて行動すること）の2側面に着目し、アイデンティティ・ステイタス（同一性地位）を判定した。アイデンティティ・ステイタスには表9-1のような4つの状態がある。

　アイデンティティ達成は危機を経験し、現在は何かに傾倒している状態、早期完了（権威受容）は危機を経験せず、何かに傾倒している状態、モラトリアムは危機の最中で、複数の選択肢に直面しつつ、何かに傾倒しようと準備している状態、アイデンティティ拡散は危機の有無にかかわらず傾倒するものがない状態である。

　加藤（1983）は質問紙形式でアイデンティティ・ステイタスを判定する方法を開発し、大学生の過半数がD-M中間（アイデンティティ拡散とモラトリアムの中間）に分類されることを報告した。比較的最近の研究（仲野・桜本，2006）でも同様の傾向が示されており、青年期はアイデンティティの確立に向けて自己探求をする時期であると言える。

人とかかわり、「自分」を生きる

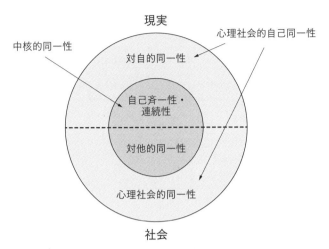

図 9-3 アイデンティティ概念の層的構造 (谷, 2008 より作成)

◼ 中核的自己と社会的自己

　エリクソン (Erikson, 1959/1973；1963/1977-1980) のアイデンティティ
という概念をより精緻化したのが谷 (2001；2008) である。谷 (2001；
2008) によると、アイデンティティの感覚は自己斉一性・連続性 (自分
が自分であるという一貫性、時間的連続性の感覚)、対他的同一性 (他者から
見られている自分が本来の自分と一致しているという感覚)、対自的同一性 (自
分が目指すものが明確に意識されている感覚)、心理社会的同一性 (自分と社
会の適応的な結びつきの感覚) の 4 要素に分けられる。

　この 4 要素は必ずしも一元的なものではなく、対自的で主観的なア
イデンティティの感覚 (自己斉一性・連続性と対自的同一性：図 9-3 の破線上
部) と対他的で社会的なアイデンティティの感覚 (対他的同一性と心理社
会的同一性：同図の破線下部)、あるいは**分離・個体化理論**で言うところの
コア・アイデンティティに基づいて形成される中核的同一性 (自己斉一
性・連続性と対他的同一性：同図の内円) と現実・社会との接触によって形
成される心理社会的自己同一性 (対自的同一性と心理社会的同一性：同図の
外円) に区分される。

分離・個体化理論：母子未分化な状態で生まれてきた子どもが母親とは独立した存在としての自己を認識するに至るまでの過程を示す、自我発達理論。マーラー (Mahler, M. S.) が提唱した。

2 時間的展望とアイデンティティ

　谷（2008）は、アイデンティティを研究するにあたっては図9-3のように区分された4領域のどの部分を扱っているのかを明確にする必要性を訴えている。たとえば、エリクソンは中核的同一性（図9-3の内円）をアイデンティティ概念の中核と考えており、マーシャはより現実的で社会的な、心理社会的同一性（同図の外円）に注目してアイデンティティ・ステイタスを考えている。研究間の知見の不一致の一部はどの領域に着目してアイデンティティを捉えようとしているかの差異に起因するのである。

　ところで、中核的で現実に根差したアイデンティティの感覚である自己斉一性・連続性は**時間的展望**と密接な関係を持つ（白井, 2008）。時間的展望とはある時点における心理学的過去および未来に対する見解の総体であり（Lewin, 1951/1956）、未来への希望を持つことや過去を受容すること、現在の視点から過去や未来を再構成することなどを含んでいる（白井, 2001）。人は絶えず変化しているものであるが、それが間違いなく自分であると同定できるのは過去・現在・未来という連続した時間軸の中で自己を捉えることができるからであり、自分が自分であるという感覚、すなわちアイデンティティは時間的展望によって支えられているのである。

　精神医学者の木村（1982）は、時間を失うことは自己を失うことだと述べている。同じく精神科医のフランクル（Frankl, V. E.）は『夜と霧』（1977/2002）でアウシュビッツ強制収容所での体験をつづっているが、この中で、先の見えない生活を「期限なき「仮」の状態」と表現し、強制収容された人々が生きる目的を失っていく様を活写している。一方、浜田（2002）は、冤罪事件の被疑者が実際にはかかわっていない事件について虚偽の自白をしてしまうのは、経験していない「過去」と現実の「現在」を結びつけられないこと、およびいつ終わるとも知れない取り調べの中で現在と結びついた「未来」を想像できないことが背景にあると述べている。

　過去と未来との関係の中で現在の自己を捉え、「なぜ私は私なのか」という問い（天谷, 2002）に対して時間的展望に基づいて「私は私である」と答えることができる状態が、アイデンティティ達成なのである。

時間的展望：レヴィン（Lewin, K.）が「場の理論（field theory）」の一部として提唱した。現在を過去や未来と関連づけることで"今・ここ"という心理的な意味空間（「場」）がつくり出される。

4 「本当の自分」とは？

■ 多元的自己と「キャラ」

ここまで、アイデンティティを中心に自己について考えてきた。アイデンティティについての基本的な考え方では、他者（社会）との関係の中で、他者から支えられて、あるいは自身の姿を他者に投影することを通して自己理解を図り、「私は私である」という感覚を獲得することが青年には求められている、ということであった。

ところが、近年では時と場合によって異なった自己を認知する青年の増加が指摘されている（木谷・岡本, 2018）。現代の青年においては、場面に応じて自己を使い分け、それぞれの状況において「自分らしさ」を感じることが一般的である。つまり、アイデンティティは多元的なものであると考えられるようになってきた（辻, 2004）。「私は私である」という感覚は「唯一絶対の自己」を意味しないようである。

社会心理学では**自己複雑性**という概念を用いて、自己についての知識が複数の側面で構成されており、かつそれらが分化しているほど精神的に健康であることなどが示されている（Linville, 1985）。しかし、自己複雑性はあくまでも自己についての知識の数と分化度を扱う概念であり、自己が複数存在しているということを意味するものではない。

これに対して、現代青年が使い分けている複数の「自己」は「キャラ」と呼ばれ、集団の中での個人の立ち位置を表す言葉として定着している。最近の調査では、青年期後期にあたる大学生で「自分にはキャラがある」とするものは約60％と過半数に達している（千島・村上, 2016；島, 2019）。インターネットなどの普及により、非対面的なコミュニケーション場面に多く直面する現代の青年の特徴として、相手も自分も傷つかないように、内面的な深いかかわりを避けて表面的で楽しい関係を築こうとする傾向があることが指摘されている（岡田, 2011）。このような、対立の回避を最優先にする「優しい関係」（土井, 2008）の構築を図る青年にとって、空気を読み、状況に応じて自己を使い分け、かつその自己

自己複雑性：リンビル（Linville, P. W., 1985）が提唱した自己知識の構造の個人差を説明する概念。自己複雑性が高い人は、自己概念が多くの側面に分化しており、その自己の諸側面が明確に区別されている。

キャラ：集団の中での個人の立ち位置を表す言葉。もともとは「キャラクター」の略語であるが、人格そのものではなく「人格・のようなもの」（伊藤, 2005）を指す。天然キャラ、いじられキャラなどがある。

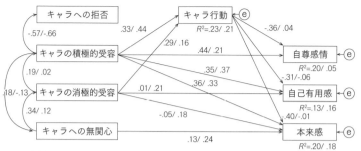

図 9-4　学校段階別のキャラの受け止め方、キャラ行動、心理的適応の関連（千島・村上, 2016 をもとに作成）

注 1：各係数の値を、中学生／大学生の順で示した。
　　2：図中の ⓔは誤差を表す。

に不全感を抱かないということは、アイデンティティ拡散という不適応状態としてではなく、むしろ適応的な状態であると捉えられる。

❷「キャラ」と適応

　千島・村上（2016）は青年期前期にあたる中学生と、青年期後期にあたる大学生を対象とした研究を行った。その結果、中学生ではキャラを受容しにくく、キャラに沿った行動をとることは心理的適応感（自尊感情、居場所感）を低下させる一方、大学生ではキャラを受容している人はキャラに応じた行動をとっているが、キャラ行動は心理的適応感とは関連せず、キャラを受容していることが直接的に心理的適応感を高めることが示された（図9-4）。また、島（2019）は大学生を対象とした調査を行い、「自分にはキャラがある」とした人は「自分にはキャラがない」とした人よりも心理的適応感が高いことを示した。また、キャラの受け止め方のタイプ別に検討したところ、消極的にでもキャラを受容している人は、キャラを拒否している人やキャラがない人よりもポジティブなアイデンティティの感覚を持ち、自尊感情が高かった。

　千島・村上（2016）と島（2019）の研究から、中学生ではキャラがあることによって「自分がわからない」という感覚が助長されるが、大学生にとってはキャラがあること、特にそのキャラを消極的にでも受容していることが心理社会的適応に資することが示された。

成長し続ける自分

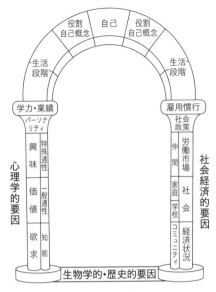

図 9-5　アーチ・モデル（Super, 1990；1994 より川﨑, 2008 が作成）

アーチの図内の文字（右から左、上から下）：
役割・自己概念／自己／役割・自己概念
生活段階／生活段階
学力・業績／雇用慣行
パーソナリティ／社会政策
興味／特殊適性／仲間／労働市場
価値／一般適性／家庭／社会
欲求／知能／学校・コミュニティ／経済状況
心理学的要因／社会経済的要因
生物学的・歴史的要因

フリーター：正社（職）員以外の雇用形態で生計を立てている人。総務省統計局が公表した労働力調査では、2018 年現在、いわゆるフリーターに相当する人は 143 万人となっている。

ニート：「Not in Education, Employment or Training」の略で、15 〜 34 歳までの非労働力人口（求職活動をしていない者）のうち通学・家事を行っていない者を指す。前掲の労働力調査では、2018 年現在、いわゆるニートに相当する若年無業者（15 〜 39 歳）は 71 万人。

1 キャリアとは

　キャリアとは、狭義には進路や学歴、職位や職階を表し、広義には就職前や退職後も含めた個人の人生の道筋のすべてを指す。近年、学校教育においてはキャリア教育の重要性がうたわれるようになってきたが（文部科学省, 2011）、その中では進学・就職といった狭義のキャリアの観点から行われる進路指導のみならず、仕事も含めた広義のキャリアに基づく「生き方の教育」にも焦点が当てられている。

　スーパー（Super, 1990）は、キャリアの中核は自己であり、心理学的要因と社会経済的要因の 2 本の柱に支えられて、自己が明確になっていく過程をキャリア発達と考えた（図 9-5）。これは、他者や社会とのかかわりを通してアイデンティティが形成されていくという、エリクソン（Erikson, 1959/1973）のアイデンティティ理論と通底するものがある。

　児童期・青年期は成長・探索の段階にあたり、自己を知り、働くことの意味を考え、職業人（労働者）としてのキャリアをスタートさせる時期となる（Super, 1990）。**フリーター**や**ニート**の増加といった社会問題からも、この時期までのキャリア発達支援の重要さがうかがえる。

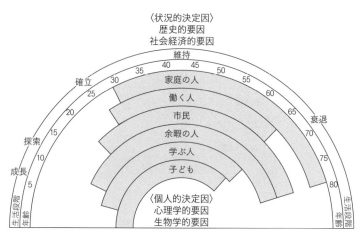

図 9-6　ライフキャリア・レインボウ （Super, 1990；Super et al., 1996 などから川﨑, 2008 が作成）

🄶 キャリア発達の理論

　キャリアに関する理論は多々あるが、発達的な観点からキャリアを考えたのが先に紹介した Super（1990）のキャリア発達理論である。本節ではスーパーの理論を少し詳しく見ていこう。

　スーパーの発達理論は「ライフスパン・ライフスペース・アプローチ（life span, life space approach）」と呼ばれている。すなわち、人の生涯（life span）はいくつかの生活段階（life stage）に分けることができ、それぞれの段階に果たすべき役割（life role または life space）がある、という考えを柱としている。各生活段階には職業的発達課題があり、生活段階ごとに異なる役割を単独で、あるいは組み合わせて演じる中で、その課題に向き合うことを通して自己が明確になっていく、という発達をモデル化した。

　このモデルを可視化したのが「ライフキャリア・レインボウ」である（図 9-6）。役割の比重が生活段階に応じて変遷していくことを前提として、個人ごとに異なるキャリア発達の軌跡を虹の形で表現している。ワークシート形式でこれまでのキャリアを振り返り、これからのキャリアを展望することでキャリアプランニングに活用することもできる。

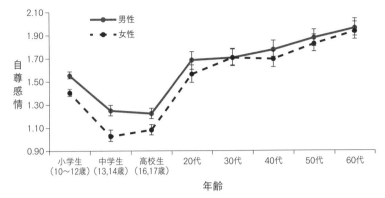

図9-7　日本人の性別・年代別自尊感情の平均値 (Ogihara, 2016)
注：4件法。エラーバーは95%信頼区間を表す。.

◼ 自尊感情の発達的変化と適応

　ここまで、アイデンティティを中心に青年の自己にまつわる諸問題について概観してきたが、最後に自己愛と自尊感情を取り上げ、生涯発達の中に青年期を位置づけていく。

　自尊感情とは、自分自身を価値あるものとする感覚 (Baumeister et al., 2003) であり、抑うつや不安とは負の、幸福感とは正の相関を示す (Crocker & Wolfe, 2001)。また、自尊感情の変動性にも注目が集まり、ソシオメーター理論 (Leary et al., 1995) では、社会に適応していれば自尊感情は高まり、適応状態が悪化すると自尊感情が低下するとされている。

　この自尊感情を発達的な視点から眺めると、児童期から青年期前期にかけて低下し、その後上昇に転じることが知られている (Ogihara, 2016)。青年期前期は生涯の中でも最も自尊感情が低い時期であるが、自分とは何かを問う中で、他者や理想自己との比較を通して劣っている自分を意識してしまうことが背景にあると考えられる。やがて、青年期後期にかけて自己受容が進むにつれて、自尊感情は上昇していく（図9-7）。

ソシオメーター理論：リアリー (Leary, M.R.) らが提唱した概念。自尊感情は他者からの受容の程度を示す計測器（メーター）であると考える。他者から受容されると自尊感情は高くなり、他者からの排斥を予測すると自尊感情は低くなる。

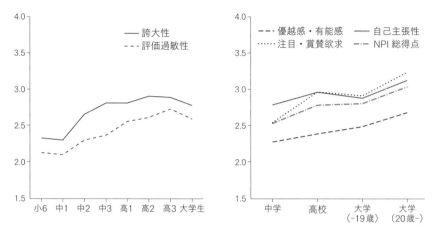

図 9-8　青年期初期から後期にかけての自己愛各下位尺度項目平均値（中山, 2018）
注：5件法、範囲 1 ～ 5。

2 自己愛の発達的変化と適応

　自己愛は文字通り「自分を愛する」ということであり、自分自身を大切に思うという、誰にでも備わっている感情を指している。この、「自分を愛する」という感覚が、自己を必要以上に傷つけないような防衛的な役割を果たし、適応状態を維持することに貢献していると考えられている（Stolorow, 1975）。実際、自尊感情が低下する青年期には、自己愛傾向は高まることが示されている（図 9-8：中山, 2007；相良, 2006）。

　このような、誰もが持っている自己愛は、自尊感情を維持し、自己を社会的な関係から撤退させないという意味で健康的なものであると考えられる一方、誇大な自己愛は攻撃的・搾取的な対人関係を形成しやすく、過敏な自己愛は対人関係からの撤退につながりやすいなど（相澤, 2002；清水・海塚, 2002）、自己愛傾向の高さは対人関係上の困難と結びつくことが指摘されている（小塩, 1998）。また、自己愛が過度に高まると自己愛性**パーソナリティ障害**という臨床的な問題につながってしまう。

　健康な自己愛を育て、それによって自尊感情を維持することが社会的関係の中に自己を置き続けることを可能にし、アイデンティティをはじめとした青年期の課題に向き合う基盤になるものと考えられる。

パーソナリティ障害：社会・文化的規範から逸脱したパーソナリティが原因で社会的適応が困難になる障害。奇妙な行動や考え方を特徴とするタイプ、衝動性と不安定な感情を特徴とするタイプ、不安や恐怖感を特徴とするタイプに分類される。

■ 引用・参考文献

相澤直樹（2002）．自己愛的人格における誇大特性と過敏特性　教育心理学研究, 50, 215-224．

天谷祐子（2002）．「私」への「なぜ」という問いについて――面接法による自我体験の報告から　発達心理学研究, 13, 221-231．

天谷祐子（2004）．質問紙調査による「私」への「なぜ」という問い－自我体験－の検討　発達心理学研究, 15, 356-365．

天谷祐子（2005）．自己意識と自我体験－「私」への「なぜ」という問い－の関連　パーソナリティ研究, 13, 197-207．

天谷祐子（2017）．自我体験経験後の自己成長感に対する批判的思考態度・観点取得の寄与――大学生を対象とした質問紙調査より　人間文化研究（名古屋市立大学）, 28, 1-15．

Baumeister, R. F., Campbell, J. D., Krueger, J. I., & Vohs, K. D.（2003）. Does high self-esteem cause better performance, interpersonal success, happiness, or healthier lifestyles? *Psychological Science in the Public Interest*, 4, 1-44.

千島雄太・村上達也（2016）．友人関係における"キャラ"の受け止め方と心理的適応――中学生と大学生の比較　教育心理学研究, 64, 1-12．

Cooley, C. H.（1902）. *Human nature and the social order*. Charles Scribner's Sons.

Crocker, J., & Wolfe, C. T.（2001）. Contingencies of self-worth. *Psychological Review*, 108, 593-623.

Damon, W. & Hart, D.（1988）. *Self-understanding in childhood and adolescence*. New York: Cambridge University Press

土井隆義（2008）．友だち地獄――「空気を読む」世代のサバイバル　筑摩書房

Erikson, E. H.（1959）. *Identity and the life cycle*. W. W. Norton & Company.（エリクソン, E. H., 小此木啓吾（訳編）(1973). 自我同一性――アイデンティティとライフ・サイクル　誠信書房）

Erikson, E. H.（1963）. *Childhood and Society*（2nd ed.）. W. W. Norton & Company.（エリクソン, E. H., 仁科弥生（訳）(1977, 1980). 幼児期と社会, 1, 2　みすず書房）

Frankl, V. E.（1977）. *Ein Psychologe erlebt das Konzentrationslager (In trotzdem Ja zum Leben sagen)*. München: Kösel-Verlag.（フランクル, V. E., 池田香代子（訳）(2002). 夜と霧（新版）　みすず書房）

James, W.（1890）. *The principles of psychology*, vol. 1, 2. New York: Dover Books.（ジェームズ, W., 今田寛（訳）(1992, 1993). 心理学（上・下）　岩波文庫）

浜田寿美男（2002）．〈うそ〉を見抜く心理学――「供述の世界」から　NHK ブックス

岩熊史朗・槇田仁（1991）．セルフ・イメージの発達的変化　社会心理学研究, 6, 155-164．

伊藤剛（2005）．テヅカ・イズ・デッド――ひらかれたマンガ表現論へ　NTT出版

上瀬由美子（1998）．自己認識欲求の発達的変化　情報と社会，10, 75-82.

加藤厚（1983）．大学生における同一性の諸相とその構造　教育心理学研究，31, 292-302.

川﨑友嗣（2008）．キャリア意識と自己の発達　榎本博明（編・監修）自己心理学2　生涯発達心理学へのアプローチ（第7章）金子書房

木村敏（1982）．時間と自己　中公新書

木谷智子・岡本祐子（2018）．自己の多面性とアイデンティティの関連――多元的アイデンティティに注目して　青年心理学研究，29, 91-105.

Leary, M. R., Tambor, E. S., Terdal, S. T., & Downs, D. L.（1995）. Self-esteem as an interpersonal monitor: The sociometer hypothesis. *Journal of Personality and Social Psychology*, 68, 518-530.

Lewin, K.（1951）. *Field theory in social science: Selected theoretical papers*. Harper & Brothers.（レヴィン，K., 猪股佐登留（訳）（1956）．社会科学における場の理論　誠信書房）

Linville, P. W.（1985）. Self-complexity and affective extremity: Don't put all of your eggs in one cognitive basket. *Social Cognition*, 3, 94-120.

Marcia, J. E.（1966）. Development and validation of ego-identity status. *Journal of Personality and Social Psychology*, 3, 551-558.

文部科学省（2011）．今後の学校におけるキャリア教育・職業教育の在り方について（答申）中央教育審議会

Montemayor, R. & Eisen, M.（1977）. The development of self-conceptions from childhood to adolescence. *Developmental Psychology*, 13, 314-319.

仲野好重・桜本和也（2006）．親子関係における期待と青年期のアイデンティティ形成の相互性について　大手前大学社会文化学部論集，6, 111-126.

中山留美子（2007）．児童期後期・青年期における自己価値・自己評価を維持する機能の形成過程――自己愛における評価過敏性，誇大性の関連の変化から　パーソナリティ研究，15, 195-204.

中山留美子（2018）．青年期の自己愛の発達　氏家達夫（監修）島義弘・西野泰代（編）個と関係性の発達心理学――社会的存在としての人間の発達（第7章）北大路書房

中山留美子・中谷素之（2006）．青年期における自己愛の構造と発達的変化の検討　教育心理学研究，54, 188-198.

Ogihara, Y.（2016）. Age differences in self-liking in Japan: The developmental trajectory of self-esteem from elementary school to old age. *Letters on Evolutionary Behavioral Science*, 7, 33-36.

岡田努（2011）．現代青年の友人関係と自尊感情の関連について　パーソナリティ研究, 20, 11-20.

小塩真司（1998）．青年の自己愛傾向と自尊感情、友人関係のあり方との関連　教育心理学研究, 46, 280-290.

相良麻里（2006）．青年期における自己愛傾向の年齢差　パーソナリティ研究, 15, 61-63.

島義弘（2017）．発達：パーソナリティ心理学の視点から　島義弘（編著）パーソナリティと感情の心理学（第5章）　サイエンス社

島義弘（2019）．"キャラ"の有無およびその受け止め方と大学生の自己――自尊感情、アイデンティティ、自己愛に着目して　鹿児島大学教育学部紀要（人文・社会科学編）, 70, 121-132.

清水健司・海塚敏郎（2002）．青年期における対人恐怖心性と自己愛傾向の関連　教育心理学研究, 50, 54-64.

下條信輔（1999）．〈意識〉とは何だろうか――脳の来歴、知覚の錯誤　講談社現代新書

白井利明（2001）．〈希望〉の心理学――時間的展望をどうもつか　講談社現代新書

白井利明（2008）．自己と時間――時間はなぜ流れるのか　心理学評論, 51, 64-75.

Stolorow, R. D.（1975）．The narcissistic function of masochism (and sadism). *The International Journal of Psycho-Analysis*, 56, 441-448.

Super D. E.（1990）．A life-span, life-space approach to career development. In D. Brown, & L. Brooks（Eds）, *Career choice and development: Applying contemporary theories to practice*（2nd ed., pp. 197-261）. San Francisco, CA: Jossey Bass.

Super, D. E.（1994）．A lifespan, life space perspective on convergence. In M. L. Savickas, & R. W. Lent（Eds）, *Convergence in career development theories: Implications for science and practice*（pp. 63-74）．Palo Alto, CA: Consulting Psychologists Press.

Super, D. E., Savickas, M. L., & Super, C. M.（1996）．The life-span, life-space approach to careers. In D. Brown, & L. Brooks（Eds）, *Career choice and development*（3rd ed., pp. 121-178）. San Francisco, CA: Jossey-Bass.

谷冬彦（2001）．青年期における同一性の感覚の構造――多次元自我同一性尺度（MEIS）の作成　教育心理学研究, 49, 265-273.

谷冬彦（2008）．アイデンティティのとらえ方　岡田努・榎本博明（編著）自己心理学5　パーソナリティ心理学へのアプローチ（第1章）　金子書房

辻大介（2004）．若者の親子・友人関係とアイデンティティ――16～17歳を対象としたアンケート調査の結果から　関西大学社会学部紀要, 35, 147-159.

山地弘起（1997）．自己の発達　井上健治・久保ゆかり（編著）子どもの社会的発達（第5章）　東京大学出版会

10章

友人関係に悩むのは
自分だけ？

青年期の社会性の発達

　あなたはこれまでに「友人関係ってめんどうだなあ」と思ったことはないだろうか。青年にとって友人とのかかわりは日々の生活に喜びや楽しさを与えてくれるが、一方で、葛藤や苛立ちを生み出すこともある。親子関係と異なり、友人関係は社会的関係である。本章では、友人関係が青年の発達に及ぼす影響について概観したのち、現代を生きる青年たちの友人関係の特徴とそこから生じる問題点について考え、次の発達段階へ向けた課題を探る。

> **予習課題** これまでの友人とのかかわりを振り返りながら、親子関係と友人関係との違いについて思いつく特徴を5つ挙げてみましょう。また、あなたが友人関係に求める（期待する）ものは何か、考えてみましょう。
>
> **復習課題** 友人とのかかわりが青年のアイデンティティ形成に及ぼす影響についてまとめた上で、青年期の友人関係が生涯発達の中でどのような役割を担っているかについて考えてみましょう。

友人の存在意義

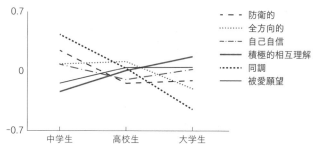

図 10-1　友人とのつきあい方の得点の発達的変化 (落合・佐藤, 1996b)

■「親からの自立」を支える役割

第二の個体化
過程：ブロス
(Blos, 1967) が
用いた語。青年
期を乳幼児期の
「分離－個体化」
と対比して称し
た。

　青年期の友人関係について考えるとき、しばしば引用されるのが「心理的離乳」(11 章 2 節参照) あるいは「**第二の個体化過程**」(Blos, 1967) と言われる、親からの自立である。落合・佐藤 (1996a) は、「親が子を抱え込み、守るような親子関係」が顕著に見られる中学生の時期から、「子が親から信頼され承認され、対等に接するような親子関係」が顕著に見られる大学生の時期へと、親子関係のあり方に質的な差異とも言える大きな転換が生じていることを指摘した。この時期は、同時に友人とのかかわり方にも変化の見られる時期である。

　落合・佐藤 (1996b) では、友人とのつきあい方について、「自己防衛的なつきあい方」や「みんなと同じようにしようとするつきあい方」が中学生に多く、大学生になると「自己開示し積極的に相互理解しようとするつきあい方」へと変化することが示唆された (図 10-1)。つきあい方のパターンが、まず「浅い」から「深い」へと「友人とのかかわり方の姿勢」が変化し、次に「広い」から「狭い」へと「自分がかかわろうとする相手の範囲」の変化が起こることから、高校生の時期が友人関係の大きな転換期であることが指摘された。親からの心理的離乳が始まる頃から、それに伴う不安を緩衝するかのように、しだいに友人への依存度が高まっていくと考えられる。

❷「社会的比較」の対象

　児童期以降、自分と類似した他者と自分を比較することにより、子どもたちの**自己概念**はしだいに現実的で複雑な様相を呈していく。このような**社会的比較**を通して、子どもは、客観的に自分自身を把握するようになり、他者との関係の中での位置づけや、行動の是非に関する情報を獲得する。

　また、青年期の心理社会的発達課題（Erikson, 1959）とされる「アイデンティティ（identity：自我同一性）の確立」においても友人との関係は重要な役割を担う。エリクソン（Erikson, 1959）は、アイデンティティの感覚について、内的な斉一性（sameness）と連続性（continuity）を維持しようとする各個人の能力と、他者に対する自己の意味の斉一性、連続性とが一致したときに生じる自信であると述べている。自分が自分であることの自信は他者とのかかわりの中で育まれ、その自信が青年に充実感や生きがいをもたらす（大野, 1984）。青年にとって、日常生活の多くの時間を共に過ごす仲間や友人という他者は、青年が自分自身を客観的に把握する機会を提供し、他者の視点と自分の視点を調整する大切さに気づかせてくれる存在でもある。

❸「社会化」を促す存在

　青年は、友人との間に、親密で信頼でき、自己開示できる関係を構築し、自分を価値あるものと感じられるようなサポートやフィードバックをそこから受けながら、自尊感情や有能感、自我に対する弾力性などを獲得していく。このように、友人とのかかわりは青年に喜びや楽しさ、充実感を与えてくれるが、一方で、葛藤や苛立ちを生み出すこともある。それらさまざまな経験を通して、青年は、社会における規範や価値基準、そして円滑な人間関係を維持するスキルなどを学ぶ。

　青年期における友人関係は、親からの自立に伴う不安や戸惑いを乗り越える支えとなるものであり、また青年の認知の発達や社会化を促し、アイデンティティの形成とも深く関わるものである。

自己概念（self-concept）：自分自身について持っている考え（9章1節も参照）。

社会的比較：フェスティンガー（Festinger, 1954）が用いた語。人は正確な自己評価を得るために他者との比較を行うと考えられた。

2 「友人」と「仲間」の違い

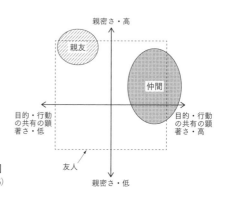

図 10-2　青年期の友人関係概念図
(難波, 2005)

🔳 仲間関係の発達

　友人、親友、仲間、それぞれの概念の違いは何であろうか。難波 (2005) は、「親密さ」と「目的・行動」という 2 軸を用いて、その違いを説明した（図 10-2）。その結果、仲間は、親友に次ぐ親しさを示し、互いを認識できる複数の規模での関係であり、目的・行動を共有する顕著さが高いことが示唆された。また、難波 (2005) では、青年期後期の仲間関係が、仲間との関係性に対する意識の違いという点で児童期や青年期前期・中期の仲間関係と異なる可能性が指摘された。

　仲間関係の発達について、保坂・岡村 (1986) は、サリバン (Sullivan, 1953) の理論を取り入れ、3 段階の発達段階（「ギャング・グループ (gang-group)」⇒「チャム・グループ (chum-group)」⇒「ピア・グループ (peer-group)」）を報告した。第 1 段階のギャング・グループは、小学校高学年頃に見られ、「(外面的な) 同一行動による一体感」を重んじる徒党集団である。第 2 段階のチャム・グループは、中学生の頃に見られ、「(内面的な) 互いの類似性の確認による一体感」を特徴とする仲良しグループである。第 3 段階のピア・グループは、高校生以上に見られ、「内面的にも外面的にも互いに自立した個人としての違いを認め合う共存状態」を特徴とする。このような仲間集団の発達には、青年の認知の発達に伴う**内省**力の増大が影響しており、仲間とのかかわりはアイデンティティの探求にもつながっていくと考えられる。

内省 (reflection): 自分自身の心のはたらきや状態を省みること。内観。

156

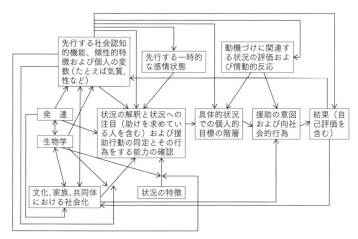

図 10-3　向社会的行動のヒューリスティックモデル（Eisenberg et al., 2015 より作成）

2 仲間関係の維持 ── 向社会的行動の発現と視点取得能力

　仲間関係を円滑に進め維持していくためには、お互いに相手を思いやって行動することが必要であろう。思いやり行動、すなわち「他の人のためになるように意図された行動」を向社会的行動（prosocial behavior）と呼ぶ。アイゼンバーグら（Eisenberg et al., 2015）は、向社会的行動がどのような過程で行われるかについて図 10-3 のように示した。個人がある状況に気づき、それを解釈し、そして必要な援助が何であるか、自分がその援助をできるか、さらには、それを行うことによる得失を勘案するといったことを経て、向社会的行動が生起するというモデルである。そこには生得的な個人差に加えて、文化や地域、家庭といった環境の中で育まれた社会性といった要因などもかかわっていると考えられた。

　相手のことを考えて思いやり行動をするためには、相手の立場に立ってものごとを考えられる能力、「視点取得能力」（7 章参照）が重要となる。視点取得能力の発達により、青年期には、第三者の視点から自分と相手の立場を考え、お互いの欲求を調整できるようになり、自分と他者の欲求が対立するときにその葛藤をどのように解決するのかという「対人交渉方略」も発達すると考えられる（Selman et al., 1986）。

3 仲間関係のトラブル
── いじめはなぜ起きるのか

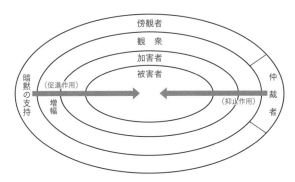

図 10-4　いじめ集団の四層構造モデル（森田，2010）

■ 関係性の問題

　近年、いじめ問題について、「いじめが起きる場面では、いじめの加害者と被害者以外に、加害者に加担する者、加害行動を助長するような観衆、無関心を装う傍観者、被害者を助けようとする仲裁者といったさまざまな役割を担う者たちの存在があり、いじめには集団内の力関係や抑止力が大きくかかわっている」と考えられるようになってきた（森田，2010）（図10-4）。森田（2010）は、見て見ぬふりをする「傍観者」の態度はいじめている子どもを支持することになり、加害者と同等であることを指摘したが、一方で、加害者や観衆と異なり、傍観者はいじめに対して冷ややかな反応を示せばいじめを抑止する存在となりうることも示唆した。こうしてみると、いじめの重篤化は傍観者層の反応の仕方に左右されるといっても過言ではないだろう。

　海外では、いじめ場面において傍観者がいじめを促すような行動を多くとる学級でいじめが頻発し、周囲にいる者たちが被害者を助けようとする傾向にある学級ではいじめがそれほど起こらないといった知見が報告されている（Salmivalli et al., 2011）。このように、いじめ場面での傍観者の存在に注目が集まり、KiVa など傍観者低減を目指した介入プログラムが実施され、その効果が検証されつつある（Karna et al., 2011）。

KiVa：フィンランドで開発され、エビデンスに基づいたいじめ抑止のプログラム。学校ごとに実施される。

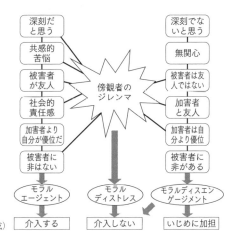

図 10-5　傍観者のジレンマ
（Forsberg et al, 2014 を参考に作成）

② 傍観者のジレンマ

　いじめ場面で、多くの子どもたちが見て見ぬふりをする背景に何があるのだろうか。子どもたちのほとんどがいじめに対して否定的な考えを持ちながら、実際のいじめ場面で被害者を助けようとする子どもは稀だったという報告（Rigby & Johnson, 2006）もある。いじめが起きる場面で、その場にいる子どもたちはそれぞれにその状況を見定め、自分がどう行動すべきか葛藤しながら自らの行動を選択する（Thornberg, 2010）。図 10-5 はスウェーデンで 4 年生から 7 年生を対象に実施された半構造化面接で得られた質的データを**グラウンデッド・セオリー・アプローチ**によりモデル化したものである。

　行動選択の場面では「関係性」「深刻さの同定」「その場での被害者の関与」「社会的な役割や責任」「罪悪感」といったさまざまな要因が複雑に絡み合い、傍観者に道徳的な悩みを抱かせ、場合によっては、「人に迷惑をかけるような人は、仲間はずれにされてもしかたない」と考えるような「**モラルディスエンゲージメント（MD）**」が生じることで加害者に加担したり、見て見ぬふりをしたりすることになると考えられた。バンデューラ（Bandura, 2016）は、MD が生じにくい環境をつくる上で、「社会的絆の感覚」「共感的な視点取得」「向社会的行動」の重要性を示唆した。

グラウンデッド・セオリー・アプローチ（grounded theory approach: GTA）：質的研究法。現象がどのようなメカニズムで生じているかを示す「理論」を産出しようとする。

モラルディスエンゲージメント（moral disengagement）：人が内的自己制御の欠如により有害な行動をすることを自分自身で正当化するような認知プロセス（Bandura, 2016）。

4 周囲の動向が気になる！

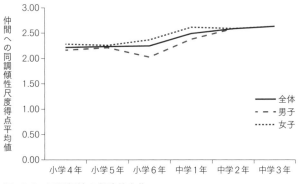

図10-6　同調傾性の発達的変化 (西野, 2017)

❶ 同調傾性の発達的変化

同調：自分の考えとは異なるものであっても、周囲の意見、態度、行動に合わせること。

　青年期前期の子どもたちに仲間への**同調傾向**の高まりが見られるのは、親からの心理的離乳を経て自立した大人になる過程での通過点のようなもの（Steinberg & Silverberg, 1986）とされ、児童期後半から青年期にかけて、子どもは仲間が実際に何をするのかということより何を考えているのかということに影響されることが指摘されている（Fischhoff et al., 1999）。竹村・高木（1988）は、中学生を対象とした調査結果から、仲間への同調傾性が向社会的行動場面もしくは反社会的行動場面で発現されやすいことを報告し、いじめが深刻化する背景には仲間への同調傾性が関連する可能性のあることを指摘した。

　仲間への同調傾性（peer conformity dispositions）の発達的変化について、バーント（Berndt, 1979）は、反社会的な行動に関する仲間への同調傾性は9歳から徐々に高まり、15歳でそのピークを迎えること、親への同調傾性と仲間への同調傾性は負の相関関係にあることを示した。図10-6は小学4年生から中学3年生を対象とした調査結果である。学校段階差、性差について検討した結果、仲間への同調傾性の得点が小学生に比べて中学生の方が有意に高く、また、女子の得点が男子の得点に比べて有意に高かった。この結果は、中学生女子の友人関係で親密確認行動が多く見られる（榎本, 1999）ことと関連するかもしれない。

160

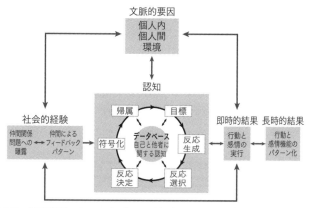

図 10-7　仲間関係におけるネガティブ経験がネガティブ結果をもたらす過程
（Kupersmidt & Dodge, 2004/2013：中澤, 2013）

2 友人・仲間関係と問題行動

　友人や仲間との関係が子どもの社会的・情動的発達の要因になることはさまざまな研究により実証されてきた（Rubin et al., 2015）。それらの研究の多くが、友人関係をうまく形成し仲間グループ内で好かれている子どもは、ポジティブな発達の道筋をたどるという知見を示す。一方で、友人や仲間との関係が非行や反社会的行動といったネガティブな結果につながる可能性を指摘する研究も散見される（Eisner & Malti, 2015；西野ら, 2009）。子どものネガティブな発達とかかわる友人や仲間との関係についての議論は「友人との経験」あるいは「仲間関係、仲間集団での位置」に大別される。前者は、「友人選択と社会化の強化」という視点で議論され、たとえば、反社会的な子どもの友人関係では類似性が逸脱訓練をもたらし、逸脱した友人とのつながりが後の非行へとつながるというものである。後者は「仲間による拒否」という視点から、たとえば、慢性的に仲間から拒否される経験を重ねた子どもは、仲間から孤立し、**社会的コンピテンス**が発達しにくくなることで不適切な行動パターンを増加させるといった議論である。図 10-7 は、仲間による拒否といったネガティブな経験が、認知の欠陥やサポートの欠落、問題のある反応スタイルなどが媒介要因となりネガティブな結果へと至るモデルを示す。

社会的コンピテンス：対人状況において、社会的に是認された方法を用いて効果的な相互交渉を行う能力。

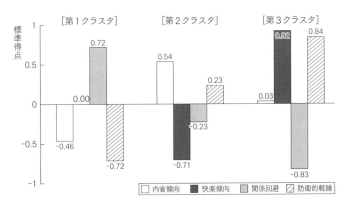

5 現代青年の友人関係

図 10-8　現代青年に見られる友人関係の 3 パターン (岡田, 2010)

■1 対人関係の希薄化

　落合・佐藤 (1996b) は、青年期の友人関係について、6 種類のつきあい方があることを見出し (1 節の図 10-1 参照)、防衛・同調的な「浅い」つきあいから、積極的に相互理解する「深い」つきあいへと関係性が変化することを明らかにした。しかしながら、近年、現代青年の友人関係について、これまでと異なる様態が指摘されるようになった。

　岡田 (2010) は、実証的データに基づき、現代青年に見られる友人関係の様態と自己の発達、そして適応との関連を検討する中で、友人関係の 3 つのパターン (「対人関係を回避する青年群 (ふれ合い恐怖群：第 1 クラスタ)」「伝統的青年観に近似した青年群 (伝統的青年群：第 2 クラスタ)」「群れて表面的に楽しい関係を維持する青年群 (群れ志向群：第 3 クラスタ)」) を示した (図 10-8)。群れ志向群は、快楽志向 (「今さえ楽しければよいと思う」など) や防衛的軽躁 (「友だちと楽しい雰囲気になるよう気を遣っている」など) の得点が高く、関係回避 (「友だちとはあたりさわりのない会話ですませている」など) の得点が低いという特徴を示す。ふれ合い恐怖群は、内省傾向 (「自分がどんな人間なのか関心がある」など) と防衛的軽躁の得点が低く、関係回避の得点が高いという特徴、伝統的青年群は、内省傾向の得点が高く、快楽志向の得点が低いという特徴をそれぞれ示した。

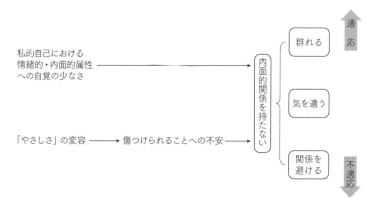

図10-9　現代青年の友人関係の特質（岡田, 2010）

2「優しい関係」の背景にあるもの

　岡田（2010）は、現代青年の友人関係の特質について、図10-9のモデルを示し、「個人が傷つくことを強く恐れる傾向が青年の間に広まり、その結果、友人関係において互いに傷つけあうことに対する不安から内面的関係が避けられるようになってきた」と記し、その背景に、「**青年期危機**」を経験しない青年たちの現状があることを指摘した。危機を経験しない青年たちは、「内省」の必要性が小さく、そのため**私的自己**の領域における内面的な属性に対する自覚が促進されず、友人との関係においても自分自身の内面を開示するような関係性を構築しないのではないかと考えられた。

　土井（2008）は、現代の青年が互いに場の「空気」を的確に読み、その場がしらけないように気を遣い合うさまを「優しい関係」と呼んだ。岡田（2010）は、群れて表面的に楽しい関係を維持する青年群について、「自他を傷つけないように警戒することで、他者から肯定的評価を受けるような関係を維持し、かろうじて自尊感情の低下を防いでいる」のではないかと推察した。土井（2014）は、自分を評価してくれる仲間の存在が自尊感情を支える最大の基盤だと指摘したが、「優しい関係」の背景には、自分自身に対する自信のなさが潜在しているのかもしれない。

青年期危機：諸説あるが、ここでは「青年期のさまざまな課題に直面してゆらぎ、迷い、悩み、葛藤などを抱えている状態」と定義する。

私的自己意識：自分自身に意識が向きやすい傾向（参考：他者から見られた自分に意識が向きやすい傾向が「公的自己意識」）。

異性の友人と恋人

■ 同性および異性の友人、恋人、それぞれからの影響

　青年期には、同性の友人関係だけでなく、異性との友人関係や恋愛関係も急速に発展していく。友人とのかかわりは、青年の認知の発達や社会化を促してくれるなど、青年の発達に少なからぬ影響を及ぼすとされるが、恋人とのかかわりが青年に及ぼす影響にはどのようなものがあるのだろうか。髙坂（2010）は大学生を対象とした調査から、恋愛関係が青年に及ぼす影響には、自己拡大（視野が広がるなど）、充足的気分（気持ちが安らぐなど）、他者評価の上昇（自分の評判が良くなるなど）の3つの肯定的な影響と、時間的制約（一人の時間がなくなるなど）、経済的負担（交際費がかかる、など）、他者交流の制限（束縛されている気がするなど）、関係不安（その人の気持ちがいつも気になるなど）の4つの否定的な影響があることを示唆した。

　一方、浅野・吉田（2014）では、大学生を対象として、異性友人関係と同性友人関係、それぞれからの知覚されたサポートについて検討された結果、個人が目標を達成しようとする際に提供される2種類のサポート（促進焦点目標サポート、予防焦点目標サポート）は、同性友人関係よりも異性友人関係において主観的幸福感や特性自尊心と強く関連する可能性が示唆された。この結果は代替可能性の低い異性友人から目標をサポートされることが、より強い受容感を個人にもたらすことに起因すると推察された。知覚されたソーシャルサポートはストレス低減や健康維持につながるとされるが、青年にとって、同性・異性にかかわらず友人からの知覚されたサポートは、目標追求に効果のある資源（resource）として、青年の発達を促す重要な役割を担っているといえるだろう。

■ アイデンティティの獲得から親密性の獲得へ

　「自分は自分であり、ほかの誰でもない（斉一性）」という感覚、「過去の自分も、現在の自分も自分であり、これからの自分も自分であり続

図 10-10　アイデンティティのための恋愛の心理メカニズム（大野，2010 より作成）

ける（連続性）」という感覚、このような「アイデンティティの感覚」を獲得することは、青年期における重要な発達課題である（Erikson, 1959）。大野（1995；2010）は、アイデンティティの模索と恋愛との関係に注目し、「アイデンティティのための恋愛」について論じた。大野（1995）は、「親密性が成熟していない状態で、かつ、アイデンティティ統合の過程で、自己のアイデンティティを他者からの評価によって定義づけようとする、または補強しようとする恋愛的行動」を〈アイデンティティのための恋愛〉と定義し、アイデンティティ形成の途上にある青年が、アイデンティティ形成のために費やすエネルギーを恋人からの賞賛や評価から得ていることを示唆した。図 10-10 に示されるように、青年期における恋愛は、アイデンティティ形成の途上であるがゆえに自己のアイデンティティを他者からの評価によって定義づけようとするなど、関係性が不安定で、結果として長続きしにくい。

　髙坂（2013）は、大学生を対象とする**パネル調査**から、「その人の気持ちがいつも気になる」といった〈関係不安〉が高いほど、アイデンティティの感覚が高まることを明らかにし、恋愛がアイデンティティ形成に影響を及ぼすという、大野（1995）の考えを裏付けるような結果を示した（12 章 5 節も参照）。

　エリクソン（Erikson, 1959）は、「適切なアイデンティティの感覚が確立されて初めて、あらゆる他者との親密さ、さらには自分自身との親密さが可能になる」ことを示唆したが、親密性が成熟していない青年期における恋愛は、青年のアイデンティティの模索と密接にかかわり、青年が次の発達ステージへと進むための資源を提供してくれるものであるようだ。

> パネル調査：同一の調査対象に、時間の間隔を置いて、同一質問による調査を繰り返し、その間の変化を見る方法。

■ 引用・参考文献

浅野良輔・吉田俊和（2014）．日本語版 知覚された目標サポート尺度の作成 —— 異性・同性友人関係における構成概念妥当性の検討　教育心理学研究，62, 240-252.

Bandura, A.（2016）. *Moral Disengagement: How People Do Harm and Live with Themselves*. New York: Worth Publishers.

Berndt, T. J.（1979）. Developmental changes in conformity to peers and parents. *Developmental Psychology*, 15, 608-616.

Blos, P.（1967）. The second individuation process of adolescence. *The Psychoanalytic Study of the Child*, 22, 162-186.

土井隆義（2008）．友だち地獄 ——「空気を読む」世代のサバイバル　ちくま新書

土井隆義（2014）．つながりを煽られる子どもたち —— ネット依存といじめ問題を考える　岩波ブックレット

Eisenberg, N., Spinrad, T. L., & Knafo-Noam, A.（2015）. Prosocial development. In M. E. Lamb & R. M. Lerner（Eds）, *Handbook of Child Psychology and Developmental Science*（vol. 3, pp. 610-656）. New Jersey: Wiley.

Eisner, M. P. & Malti, T.（2015）. Aggressive and violent behavior. In M. E. Lamb & R. M. Lerner（Eds）, *Handbook of Child Psychology and Developmental Science*（vol. 3, pp. 794-841）. New Jersey: Wiley.

榎本淳子（1999）．青年期における友人との活動と友人に対する感情の発達的変化　教育心理学研究，47, 180-190.

Erikson, E. H.（1959）. *Identity and the Life Cycle*（Psychological Issues Vol. 1., Monograph 1）. New York: International University Press.

Festinger, L.（1954）. A theory of social comparison processes. *Human Relations*, 7, 117-140.

Fischhoff, B., Crowell, N. A., & Kipke, M.（1999）. *Adolescent Decision Making: Implications for Prevention Programs*. Washington, DC: National Academies Press.

Forsberg, C., Thornberg, R., & Samuelsson, M.（2014）. Bystanders to bullying: fourth- to seventh-grade students' perspectives on their reactions. *Research Papers in Education*, 29, 557-576.

保坂亨・岡村達也（1986）．キャンパス・エンカウンター・グループの発達的・治療的意義の検討　心理臨床学研究，4, 15-26.

Kärnä, A., Voeten, M., Little, T., Poskiparta, E., Kaljonen, A., & Salmivalli, C.（2011）. A large-scale evaluation of the KiVa anti-bullying program: Grades 4-6. *Child Development*, 82, 311-330.

高坂康雅 (2010). 大学生及びその恋人のアイデンティティと"恋愛関係の影響"との関連 発達心理学研究, 21, 182-191.

高坂康雅 (2013). 大学生におけるアイデンティティと恋愛関係との因果関係の推定――恋人のいる大学生に対する3波パネル調査 発達心理学研究, 24, 33-41.

Kupersmidt, J. B. & Dodge, K. A. (2004). *Children's Peer Relations: From Development to Intervention*. USA: American Psychological Association. (クーパーシュミット, J. B., ダッジ, K. A. (編) 中澤潤 (監訳) (2013). 子どもの仲間関係――発達から援助へ 北大路書房)

森田洋司 (2010). いじめとは何か――教室の問題、社会の問題 中公新書

難波久美子 (2005). 青年にとって仲間とは何か――対人関係における位置づけと友だち・親友との比較から 発達心理学研究, 16, 276-285.

西野泰代 (2017). 仲間への同調傾性といじめ経験との関連について 広島修大論集, 57(2), 33-45.

西野泰代・氏家達夫・二宮克美・五十嵐敦・井上裕光・山本ちか (2009). 中学生の逸脱行為の深化に関する縦断的検討 心理学研究, 80, 17-24.

落合良行・佐藤有耕 (1996a). 親子関係の変化からみた心理的離乳への過程の分析 教育心理学研究, 44, 11-22.

落合良行・佐藤有耕 (1996b). 青年期における友達とのつきあい方の発達的変化 教育心理学研究, 44, 55-65.

岡田努 (2010). 青年期の友人関係と自己――現代青年の友人認知と自己の発達 世界思想社

大野久 (1984). 現代青年の充実感に関する一研究――現代青年の心情モデルについての検討 教育心理学研究, 32, 100-109.

大野久 (1995). 青年期の自己意識と生き方 落合良行・楠見孝 (編) 講座 生涯発達心理学 4 自己への問い直し――青年期 (pp. 89-124) 金子書房

大野久 (2010). 青年期の恋愛の発達 大野久 (編著) シリーズ生涯発達心理学④ エピソードでつかむ青年心理学 (pp. 77-109) ミネルヴァ書房

Rigby, K. & Johnson, B. (2006). Expressed readiness of Australian schoolchildren to act as bystanders in support of children who are being bullied. *Educational Psychology*, 26, 425-440.

Rubin, K. H., Bukowski, W. M., & Bowker, J. C. (2015). Children in peer groups. In M. H. Bornstein, T. Leventhal, & R. M. Lerner (Eds), *Handbook of Child Psychology and Developmental Science* (vol. 4, pp. 175-222). New Jersey: Wiley.

Salmivalli, C., Voeten, M., & Poskiparta, E. (2011). Bystanders matter: Associations between reinforcing, defending, and the frequency of bullying behavior in classrooms. *Journal of Clinical Child & Adolescent Psychology*, 40, 668-676.

Selman, R. L., Beardslee, W., Scults, L. H., Krupa, M., & Podorefsky, D. (1986). Assessing adolescent interpersonal negotiation strategies: Toward the integration of structural and functional models. *Developmental Psychology*, 22, 450-459.

Steinberg, L., & Silverberg, S. (1986). The vicissitudes of autonomy in early adolescence. *Child Development*, 57, 841-851.

Sullivan, H. S. (1953). *The Interpersonal Theory of Psychiatry*. New York: W. W. Norton. (サリヴァン, H. S., 中井久夫他 (訳)(1990) 精神医学は対人関係論である みすず書房)

竹村和久・高木修 (1988). "いじめ" 現象に関わる心理的要因 ―― 逸脱者に対する否定的態度と多数派に対する同調傾向 教育心理学研究, 36, 57-62.

Thornberg, R. (2010). A Student in Distress: Moral Frames and Bystander Behavior in School. *The Elementary School Journal*, 110, 585-608.

11章

親子関係はどうあるべき？

自立と子育て

　皆さんは親子関係についてどんなことを知っているだろうか。そもそも親子関係とはどのような関係性なのだろうか。一見簡単に思えるその問いかけは、考えて答えようとしてみると意外と難しいことに思いいたる。ましてや、親子関係が「どうあるべきか」はもっと難しいだろう。本章では、児童期以降の親子関係について特に自立をテーマとする心理学の知見を紹介し、親子関係を客観的に捉える方法を学ぶこと、および養育態度などの研究を通して心理学が子育てに貢献できることを知ることを主な目的とする。授業を通して、自分の持っている親子の「当たり前」と親子関係のあり方について、深く考えてほしい。

予習課題 自分の「親子関係」について、小さい頃から順に、親に対して抱いていた気持ちの変化なども含めて振り返ってみましょう。また、親子関係にかかわる社会的課題について調べてみましょう。

復習課題 ここで学んだ研究の知見と比較しながら、自分の「親子関係」をあらためて振り返ってみましょう。その中で、どんなことが心理学研究で明らかにされたら、さまざまな親子にとって意味があるのかについても考えてみましょう。

1 親からの自立って何だろう？

1 親からの心理的な自立

　本章では親子関係にかかわるいくつかのテーマを取り上げるが、まず
は子どもの親からの自立について学ぶ。自立というと、乳幼児期には、
自分で歩いたり自由にいろいろなことをするようになったりといったよ
うに、親からの身体的な自立が起こる。この身体的な自立は目に見えて
わかるが、もう一つ心理学で重要なテーマとなる自立に、親からの心理
的な自立がある。ただ、心理的な自立に関しては見てわかるものではな
いため、一体それがいつ起こるのか、また何を指して心理的な自立とい
うのかはわかりにくい。

　まず、心理的な自立がいつ起こるかに関しては、基本的には青年期の
時期とされている。青年期は子どもから大人への移行期と定義できるが、
大人になることが自立することだとしたら、この定義からも青年期が親
から自立して大人になっていく過渡期であることがわかる。

　ところで、発達心理学の授業で大学生たちに、「いつ大人になると思
うか」を聞いてみると、18歳、20歳、22歳、25歳くらいというように、
回答にある程度ばらつきがあることが多い。どうして、このようなばら
つきがあるのだろうか。一つの理由として、学生自身が自分は大人だと
思っている者と、自分はまだ子どもだと思っている者が混在するからで
あろう。まず18歳と答える理由は、大学に入って一人暮らしをするな
ど、親から離れて生活したりすることで大人になった感覚を得ることが
できるからではないかと考える。次に20歳は成人式、22歳は大学卒業
という節目があるのがその理由だろう。また25歳は、大学生から見れ
ば社会人3年目を過ぎ、社会に慣れてきた頃で、学生とは異なる大人と
いう感覚を持つように思うからだろうか。もちろん同じ年齢でも、大学
に進学せずに、中学校や高等学校を卒業してすぐに就職している者に尋
ねてみたら、また違った意見が出てくる可能性も少なくないだろう。

表 11-1　青年期における自立の分類 (Hoffman, 1984)

1.　機能的自立 Functional independence 両親の援助なしに実際的で個人的な問題を管理し、それに向かうことができる能力を得ること
2.　態度的自立 Atittudinal independence 両親から分化して、自分の信念や価値観、態度を持つことができていると思えること
3.　感情的自立 Emotional independence 両親との関係の中で承認、親密さ、一体感、感情的なサポートを過度に求めないでいられること
4.　葛藤的自立 Conflictual independence 両親との関係の中で過度の罪悪感、不安、不信、責任感、抑制、うらみ、怒りなどを抱かずにいられること

❷ 親からの自立の定義

　親から心理的に自立するとはどういうことを指しているのだろうか。このことを考える上で、ホフマン（Hoffman, 1984）が述べている4つの自立が参考になる（表11-1）。ホフマンは、青年期の親からの自立について、機能的自立（Functional independence）・態度的自立（Attitudinal independence）・感情的自立（Emotional independence）・葛藤的自立（Conflictual independence）を挙げている。このホフマンの自立の中で、機能的自立は客観的にも評価しやすいものであるが、態度的自立・感情的自立・葛藤的自立はより当人の主観的な変化を評価することになる。このことこそ、青年期における親からの自立が心理的なものであることを示している。態度的自立・感情的自立・葛藤的自立の内容をみると、親からの自立は、大人へのプロセスの中で「自分」をつくっていくことだと考えることもできよう。前述したように大学生の意見にばらつきが見られたのも、自立について機能的自立だけをイメージして答えている者もいれば、態度的自立・感情的自立・葛藤的自立などのより心理的な要素を含んだ自立をイメージして答える者もいたからだと考えられる。次の節では、このような親からの自立についてもう少し深めて考えていきたい。

表 11-2　心理的離乳への 5 段階仮説 (落合, 1995)

5	対等な親子関係	子は子でありながら親になり、親は親でありながら子になる親子関係
4	手を切る親との関係	子との心理的距離を最も大きくとる、子と手を切る親との関係
3	成長を念じる親との関係	目の届かない遠くに行ってしまった子を信じ、念じる親との関係
2	守る親との関係	子を目の届く範囲において、子を危険から守る親との関係
1	抱え込む親との関係	子を手の届く範囲において、子を抱え込み養う親との関係

■ 心理的離乳とは

　心理的離乳は赤ちゃんの生理的離乳と対比的に捉えられることが多い言葉である。もともとはホリングワース (Hollingworth, 1928) によって提唱され (落合・佐藤, 1996)、児童が青年になり、青年が成人になり、自己実現を果たすために必要なプロセスとして捉えられる (西平, 1990)。

　この心理的離乳に関して、日本で紹介されることが多いのは、落合 (1995)、落合・佐藤 (1996) が示した心理的離乳への過程のモデルである (表11-2)。このモデルでは、親子間の心理的距離の大きさの変化に着目して親子関係が 5 段階に分けられ、子どもの成長とともに、段階を経て親子関係が変化していくと考えられている。落合・佐藤 (1996) はこの仮説モデルに基づき実証的な研究を行っているが、その中で、高校生の親子関係は多様でどの種類の親子関係が顕著に見られるといった特徴ははっきりしないが、大学生になると、その時期を特徴づけるような親子関係が再びはっきりしてくると指摘している。具体的には、大学生では、「親が子を危険から守る親子関係」が減り、「子が親から信頼・承認されている親子関係」がよく見られるようになる。この結果は、先ほど示した大学生たちが大学の時期に大人になると考えていることとも一致している。

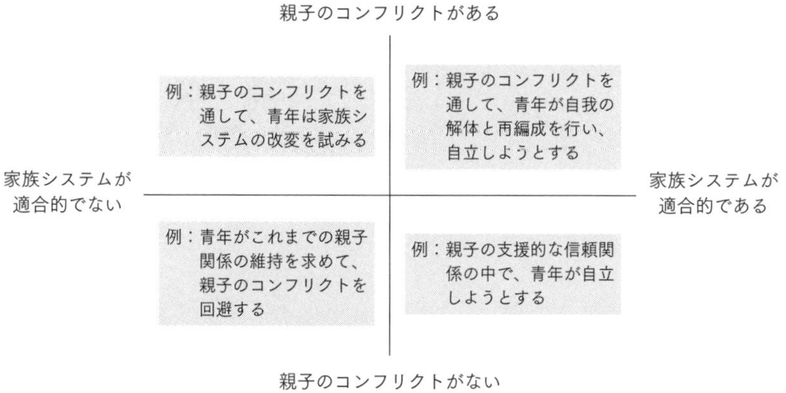

親子のコンフリクトがある

例：親子のコンフリクトを通して、青年は家族システムの改変を試みる	例：親子のコンフリクトを通して、青年が自我の解体と再編成を行い、自立しようとする

家族システムが適合的でない　　　　　　　　　　　　　　　　　　家族システムが適合的である

例：青年がこれまでの親子関係の維持を求めて、親子のコンフリクトを回避する	例：親の支援的な信頼関係の中で、青年が自立しようとする

親子のコンフリクトがない

図11-1　青年期における家族システムの適合性と親子のコンフリクト（白井, 1997）

② 反抗期の持つ意味

　親からの自立を考えるときに話題になりやすいのが反抗期である。「反抗期がない青年は後に問題が起こる」という言説を耳にすることがあるが、これは正しいのだろうか。ここで反抗期とは、青年期に起こるいわゆる第二反抗期のことである。先ほどと同じように大学生に授業で反抗期があったかどうかを尋ねてみると、反抗期があったと手があがるのは半数に満たないこともある。それでは、反抗期がなかったという半数以上の学生たちは、この先何か問題を起こす可能性が高いのだろうか。

　白井（1997）は親子関係の研究を概観しつつ、大学生・大学院生の事例を比較しながら、図11-1のように**家族システムの適合性**と親子のコンフリクト（葛藤）の関係を示している。白井は、全体的には家族システムの適合性に問題がある場合に、親子のコンフリクトが生じやすいといえるとしながらも、親子のコンフリクトの有無と家族システムの適合性とは、相互に独立の関係にあるとしている。白井の指摘からは、青年に反抗期があるかどうかが問題なのではなく、反抗を含めた自立や愛着に対する欲求が家族にどのように受け入れられるかなどの文脈に着目する必要性がうかがえる。

家族システムの適合性：家族システムが適合的であるとは、「家族が青年の自立と愛着の欲求に対して適合的であることをいう」（白井, 1997）。ここでいう適合的であることは、理解し受け入れるという意味が含まれると考えられる。

3 自立することと甘えることは違うのか

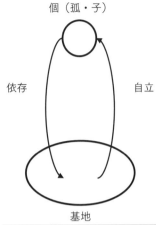

個（孤・子）

依存　　　　　　　　自立

基地

図 11-2　依存と自立のサイクル
（山下, 1999）

保護・やすらぎ・エネルギー補給
→基本的安心感、信頼感

■ 依存と自立のサイクル

　子どもが親から自立するために何が必要かを考えるために、山下（1999）の依存と自立のサイクルを紹介する。この理論によると、人は依存と自立を繰り返すことによって、円環的・螺旋的に成長していくという（図11-2）。皆さんもご自身の経験を振り返ってみてわかると思うが、人はある瞬間に自立したと感じるというよりは、ある時点で自分のことを振り返って考えてみて、自立しているという実感を持つことの方が多いのではないだろうか。つまり、親に対して急にまったく甘えなくなることが親から自立したことではなく、親から離れたくなったり甘えたくなったりしながら、少しずつ自立していくというプロセスをたどるのだろう。

　また山下（1999）は、「自立面で問題があると思われる子どもは、例えば親に依存し直したりして、再びやすらぎを得て自立のためのエネルギー補給する必要がある」とも述べている。少し二律背反的に感じられるかもしれないが、自立のためにこそ、いつでも甘えることができる居場所的空間が重要であり、その甘えを出せる対象として大切な存在であり基地であるのが、親であり、家族であると捉えることができよう。

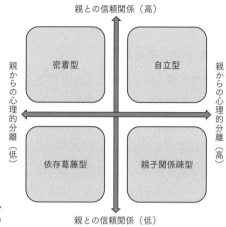

図11-3　親子関係の4類型モデル
（水本, 2018）

図中の文字：
- 親との信頼関係（高）
- 親からの心理的分離（低）
- 親からの心理的分離（高）
- 密着型
- 自立型
- 依存葛藤型
- 親子関係疎型
- 親との信頼関係（低）

２ 親密さと自立

　水本（2018）は「親子関係における精神的自立尺度」および「親への親密性尺度」を開発し、その2つの尺度を用いて「信頼関係」と「心理的分離」の2軸による親子関係の4類型を行っている。具体的には、図11-3のように、依存葛藤型、親子関係疎型、密着型、自立型に分けられている。この研究では、父息子・父娘・母息子・母娘間の差が検討されており、親子関係の組み合わせにより、親との信頼関係の築き方が異なることが示されている。そして、父親との関係では心理的に分離することが子の適応や発達を高めていること、母親と信頼関係を築かないままに心理的に分離している場合の娘の自尊感情が低いことも明らかにされている。

　この研究からは、親からの心理的な自立の中身が、親との関係性によって変わってくることがわかる。また、水本の研究では、父母、娘息子の組み合わせで検討されているが、現実的にはもっと多様な親子関係があることを考えると、親が家族の中でどのような役割を果たしているかや、子どものタイプによっても自立の意味は変わってくると思われる。

　このように親からの自立という一つのテーマにおいても、長い時間をかけて少しずつ明らかにされ、今後の研究へとつながっていくのである。

1 青年期の養育態度

　養育態度とは、親が子どもを育てる際にとる態度のことであり、子どもの心理的適応や発達に影響を及ぼす。求められる養育態度は子どもの発達に応じて異なるが、ここでは主に青年期の養育態度について述べる。

　青年期の養育態度はどのようにして測定することができるだろうか。養育態度に関する研究はさまざまにあるが、代表的なものとしてバウムリンド（Baumrind, 1991 など）の要求性と応答性の概念がある。バウムリンドによると、子どもの健全な成長には、子どもの要求に対し親密に対応する応答性だけでなく、子どもを正しい方向に志向させるようコントロールする要求性を、ともに備えることが重要であることが指摘されている。近年、親子関係が友だちのようであることが問題視されることがあるが、バウムリンドらの研究結果によると、友だちのようにいろいろ話ができる関係がありながらも、子どもの主張をすべてそのまま受け入れるのではなく、正しい方向に導くようなかかわりをすることが重要だと考えられる。この応答性と要求性の養育態度をイメージしやすいように、信太（2009）がバウムリンドの理論に基づいて開発した尺度の項目内容を表11-3に紹介する。親用と子ども用の2種類の尺度が開発されているが、表は親用の尺度である。

2 養育態度研究の留意点

　養育態度に関する研究を進める上での留意点は2つ挙げられる。

　まず、親子間の一致・不一致に関する点である。先に挙げた応答性と要求性を例に考えてみよう。たとえば、子どもが親は子どもの要求をわかってくれないと思っていたとしても、親としては子どもの要求を理解しようとしているということはよく起こる。この場合、子どもがこの質問紙に回答すれば親の応答性は低いことになるが、親としては子どもの要求を理解しようとしているため、応答性の得点は高くなる。逆に、親

表 11-3　母親の 2 次元養育態度尺度 (信太, 2009)

応答性
- 子どもと意見が合わない時は、その理由や気持ちをお互いに伝えあうようにしている。
- 子どもの良いところも悪いところも受けいれている。
- 子どもの話は、わかりにくかったり幼いなと感じても尊重するようにしている。
- 子どもに温かい気持ちでほほえみかけている。
- 親が正しいと思っていることが、いつでも子どもにとってもいいわけではないと思うので、話し合うようにしている。
- 子どもといっしょにいると楽しく感じる。
- 子どもと心の中でつながっていると思う。
- 子どもと話し合って、子どもが今どのようなことをしたいと思っているのかを確かめる。
- 子どもに注意する時は、子どもの考えを聞いてから注意するようにしている。
- 親が子どもの意見に反対することも大切だと思う。
- 子どもがその子らしい意見を持てるように働きかけている。

要求性
- 子どもにはなるべくはっきりとした、分かりやすいしつけをしようと心がけている。
- 子どもが登校する際、学校に行くのに相応しくないような格好をしていると注意する。
- 親が子どもに対して毅然とした態度をとることが大切だ。
- 子どもと口論することは、いつか子どものためになると思っている。
- 子どもに適度な期待をし続けることは大切だと思う。
- 子どもがご近所の人に会ったらあいさつをするように言っている。
- 子どもの行動に未熟な部分があると思うと、それを正そうとする。
- 子どものために作ったきまりをよく変える。*

* は逆転項目

が自分は子どもの要求に十分に応じきれていないと考えていても、子どもからすればよく聞いてくれていると思っている場合も存在するだろう。信太 (2009) もこのような親子間の不一致について扱っている。

　次に、よく似た視点であるが、親の養育態度が子どもに対して一方向的に影響するわけではなく、親が子どもの影響を受けることもあることから、その双方向性に目を向けることが必要な点である。Kerr & Stattin (2000 など) は、親が子どもによく質問し子どもを監視するようにして子どもの情報を得るより、その情報源が子どもの自発的な親への開示によるものである方が、子どもの良い適応と関連していることなどを示している。子どもの開示が親子の信頼関係をもとになされること、子どもの開示がないことでより子どもを監視しようとすることになる可能性を考えると、親の養育態度は双方向的な親子関係の中で成り立っていることがうかがえる。

　このような視点を取り入れ知見を積み上げることは、子育て支援・子育て相談などに非常に有用であろう。

5 「親として」子どものことにかかわる

■1 子どものことを相談すること

　筆者は臨床現場でさまざまな子育て支援をしているが、子どものことでいろいろ悩むことがあったとしても、なかなか相談することができなかったり、助けを求めることができなかったりする親は少なくないと感じる。周囲の人たちに対してもなかなか助けを求めることができない場合もあるが、専門家への相談はハードルがさらに高くなる。

　これは日本だけの話ではなく、海外でもそうであることが報告されており（Raviv et al., 2003）、親は他人の子どものことであれば専門家に相談した方がよいと思うにもかかわらず、自分の子どものこととなるとなかなか専門家に相談できないことが指摘されている。

　そこで本節では、親が子どものことについて助けを求めたり、相談したりすることについて考えてみたい。

■2 親の援助要請行動

援助要請行動
(help-seeking behavior)：心理学では援助行動研究の中で扱われてきた概念で、援助を求める行動のことである。

　本田（2015）は援助要請行動のさまざまな研究成果をベースに、「助けて」と言わない、言えない人の心理と援助方法についての考えを述べている。本田（2015）の論の中でも援助要請しない人の心理と援助の必要性についてタイプ別に整理した表 11-4 をもとに、「助けて」と言わない、言えない親の心理と、そこから考えられる子育て支援のポイントについて解説する。

　まず、親の自身の問題状況に対する認識である。そもそも問題状況がなければ助けを求める必要がない。しかし、子育て支援の現場で「親に問題意識がないことが心配」という声を聞くこともある。つまり、問題状況があると周囲が思うような状況でも、親が「問題がない」と判断している、もしくは「問題ない」と言う以外の方法がない場合がある。この場合、問題状況を認識してもらうことも大切だが、「問題がない」と言う以外の方法がないような場合には、問題を指摘されればされるほど、

表 11-4 「助けて」と言わない（言えない）親への援助 (本田, 2015)

援助の必要性	
なし（または低い）	あり
・問題状況自体がない。 ・自分で対処できている。 ・自力で対処するために努力しており、援助者から見て自己解決できそうである。	・援助者には問題状況に思える。 ・援助者には自己解決が困難に思える。 ・相談する余裕がないほど多忙である。相談したいと思えないほど、疲弊、無気力化している、またはもともと相談すること自体を否定的にとらえている。 ・本人に身近な人への相談の意図が強いのにためらっている。 ・本人に専門家への相談の意図が強いのにためらっている。

親は態度を頑なにさせてしまう場合もある。

　次に、自己解決ができるかどうかの認識である。問題状況にあっても、自分で何とか解決できれば助けは必要ないし、必ずしも頼った方がよいというわけではない。ただ、自分で解決できる、もしくはそのように主張している場合にも、周囲からみると自己解決するのが難しいと考えられるような場合もある。この場合も、自己解決ができないことを無理に説得するのではなく、どうして親がそのように感じるのかに留意をしながら、まずは「つながる」ことが大切である。

　さらに、問題状況があり、自分では解決できずに誰かの助けが必要だと思っていてもなかなか助けを求めることができない場合もある。助けを求めることができない理由は実にさまざまである。たとえば、助けを求めたくても求められないほど大変な状況にある場合、もしくは、助けを求めたくても助けを求めることに不安や抵抗がある場合などがある。この場合、その理由に着目しながら、どうやったら援助要請への心理的な壁を減らすことができるのかについて考えることが一つの方法である。

　このように、「助けて」と言わない、言えない親の心理にも実にさまざまな場合がある。子育て支援の研究をする上でも、こうした親の心理に着目することは非常に有用である。

子どもが安心できる社会をつくるために

■ 虐待とマルトリートメント

これまで青年期の親子関係を中心にみてきたが、世代を限定せず非常に重要な社会的課題である子ども虐待を取り上げ、心理学が貢献できることを考えたい。

子ども虐待が虐待として、社会的に問題として取り上げられるようになったのはそれほど昔のことではない。子ども虐待が社会的な問題として取り上げられることが少なかった理由として、「子育ては家庭の問題であり他人が口を出すべきことではない」という世間での暗黙の了解や、家庭の中で行われていることは他者からは見えにくいという家庭の密室性があると思われる。また、親は「しつけ」として行っているつもりでも、客観的にみたときに虐待であると判断される場合もある。このようにどこまでが「しつけ」で、どこからが「虐待」になるのかという線引きが難しいと考えられていたことも関係があると考えられる。現在では、**児童虐待防止法**によって、どのような行為を虐待とするのかが定義され、虐待防止への取り組みが進められている。

子ども虐待への対応が充実していくことは社会的に望むべきことであり、その対応は事後のものだけではなく、予防的なかかわりもできることが望ましい。そして、子どもへの虐待の予防を考える上では、広く不適切な養育について考えることが大切になる。この広く子どもにとって不適切な養育を指して、「マルトリートメント」という言葉が用いられ、近年日本でも使われるようになってきた。友田（2017）は、虐待という言葉は親が「自分には関係がない」「虐待というほどではないから大丈夫」と捉えがちになってしまうので、マルトリートメントという言葉を使うことを推奨している。そして、このマルトリートメントが子どもの脳にネガティブな影響を与えることも指摘している。

児童虐待防止法：児童虐待の防止等に関する法律のこと。2000年5月に成立、同年11月に施行された法律で、その後も議論が重ねられ数回改定がされている。

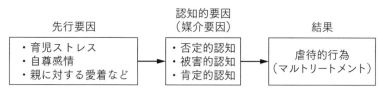

図11-4　先行要因・認知的要因が虐待的行為に影響を及ぼすと予測されるプロセス
（中谷・中谷，2006を一部改変）
母親の育児ストレスなどの要因が子どもの行動に対する母親の認知スタイル（母親の認知）
に影響を及ぼし、この母親の認知が虐待的行為に影響を及ぼすプロセスを仮説としている。

■ マルトリートメントをする理由

　それでは、親はどうして子どもに対してマルトリートメントを行って
しまうのだろうか。中谷・中谷（2006）は、図11-4に示したような仮説
モデルをもとに、母親の虐待的行為（本稿でいうところのマルトリートメン
トと同義）に影響を及ぼす要因について検討している。

　その結果、マルトリートメントに影響を及ぼす母親の認知特性は、子
どもに対する否定的認知ではなく、母親の**自尊感情**の低さや**育児ストレ
ス**の高さからもたらされる被害的認知であることを示唆している。つま
り、母親の自尊感情が低かったり、育児ストレスが高かったりすること
で、母親は子どもの反抗行動を「子どもの悪意を感じる」「子どもに馬
鹿にされた気がする」といったように被害的に捉えやすくなり、その結
果として子どもへのマルトリートメントを行ってしまうというのである。

　この研究結果をもとに考えると、親の自尊感情を高めたり、育児スト
レスを減らしたりするための取り組みがいかに重要であるかがわかる。
また、マルトリートメントを行ってしまう親への支援を行う際は、直接
的に自尊感情を高めたり、育児ストレスを減らしたりするような取り組
みだけではなく、子どもの行動への認知に歪みがないか、特に実際には
ない子どもの意図を感じてしまっていないかといったことに注意してか
かわり、その認知を少しずつ修正することが求められる。このような心
理学的知見を蓄積していくことは、具体的な子育て支援方法の提案につ
ながると考えられる。

自尊感情：中谷・
中谷（2006）の
研究では、山本
ら（1982）の自
尊感情尺度を使
用している。さ
まざまな研究で、
虐待をする親は
自尊感情が低い
ことが指摘され
ている。

育児ストレス：
大きくは育児に
伴うストレスの
ことで、育児に
よる制約感や
負担感・自信
のなさ（水野，
1998）のことを
いう。

■ 引用・参考文献

Baumrind, D.（1991）. The Influence of parenting style on adolescent competence and substance use. *Journal of Early Adolescence*, 11, 56-95.

Hoffman, J.（1984）. Psychological separation of the late adolescents from their parents. *Journal of Counseling Psychology*, 31, 170-178.

Hollingworth, L. S.（1928）. *The psychology of the adolescent.* Staples Press.

本田真大（2015）. 援助要請のカウンセリング――「助けて」と言えない子どもと親への援助　金子書房

Kerr, M. & Stattin, H.（2000）. What parents know, how they know it, and several forms of adolescent adjustment: further support for a reinterpretation of monitoring. *Developmental Psychology*, 36, 366-380.

水本深喜（2018）. 青年期後期の子の親との関係――精神的自立と親密性からみた父息子・父娘・母息子・母娘間差　教育心理学研究, 66, 111-126.

中谷奈美子・中谷素之（2006）. 母親の被害的認知が虐待的行為に及ぼす影響　発達心理学研究, 17, 148-158.

水野里恵（1998）. 乳児期の子どもの気質・母親の分離不安と後の育児ストレスとの関連――第一子を対象にした乳幼児期の縦断研究　発達心理学研究, 9, 56-65.

西平直喜（1990）. 成人になること――生育史心理学から　東京大学出版会

落合良行（1995）. 心理的離乳への5段階過程仮説　筑波大学心理学研究, 17, 51-59.

落合良行・佐藤有耕（1996）. 親子関係の変化からみた心理的離乳への過程の分析　教育心理学研究, 44, 11-22.

Raviv, A., Raviv, A., Propper, A. & Schachter, A.（2003）. Mothers' attitudes toward seeking help for their children from school and private psychologists. *Professional Psychology: Research and Practice*, 14, 95-101.

信太寿理（2009）. 養育態度に関する中学生の母子関係の検討――母子間の認知における不一致と性差に着目して　家族心理学研究, 23, 65-78.

白井利明（1997）. 青年心理学の観点からみた「第二反抗期」　心理科学, 19, 9-24.

友田明美（2017）. 子どもの脳を傷つける親たち　NHK出版

山本真理子・松井豊・山成由紀子（1982）. 認知された自己の諸側面の構造　教育心理学研究, 30, 64-68.

山下一夫（1999）. 生徒指導の知と心　日本評論社

12章

男と女は違うの？

ジェンダー差を考える

　一般に、「性」は「セックス」と「ジェンダー」とに区別される。「セックス」は生物的な性を、「ジェンダー」は社会的・心理的性を意味する。人の生涯発達を考える上で、ジェンダーは大きな影響を持っている。ジェンダーの影響を知ることにより、人の心理的な発達は生物学的要因と社会的要因の両方が複雑に作用しながら進むことを理解することが本章の目的である。なお、本章での「男女差」は実証的な研究で得られた男女差を取り上げており、平均的な差を意味する。男性と女性には共通する領域も多く、また、同じ性の中でも個人差が大きいことは心に留めていただきたい。

予習課題 各節のテーマについて、その男女の心理や行動がどのくらい生物学的な要因あるいは社会的な要因の影響を受けているのかを考えてみましょう。

復習課題 幼児期に獲得される性概念には、どういうものがあるでしょうか。また、青年期での急激な身体の変化の受け止め方や性行動は男女でどう違い、心理的にはどういう影響が考えられるでしょうか。さらに、中年期や高齢期の夫婦関係のあり方に、わが国の性役割がどう関係しているのかを考えてみましょう。

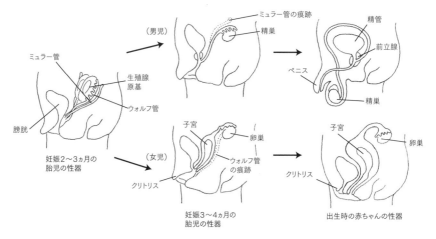

図 12-1　胎児の性分化のプロセス

🔳 性の決定

　遺伝的な性は受精時に性染色体（XX または XY）で決まるが、身体の性別は受精後、複数の遺伝子やホルモンの働きが関与しながらいくつもの段階を経て分化していく（図 12-1）。

　受精後 7 週まで性は未分化で、ミュラー管とウォルフ管という両性の生殖器になるものを持っている（性的両能期）。男性の場合、受精後 8 週目くらいから、Y 染色体上の性決定遺伝子のはたらきにより、未分化だった性腺が分化し、精巣がつくられ、精巣から分泌される男性ホルモンによって男性化が始まる。ウォルフ管は男性生殖輸管系に分化し、ミュラー管は退化する。一方、女性は生後 11 週目くらいから女性化が始まり、ミュラー管は女性生殖輸管系へと分化し、ウォルフ管は退化する。男性化を進める遺伝子やホルモンの働きかけがなければ、人は女性になる。このような性別化がうまく働かず、男女の識別ができないような身体的特徴を持つ疾患を**性分化疾患**（DSDs: Disorders of Sex Development）と呼ぶ。

性分化疾患：医学用語。しかし身体上の性的多様性を「疾患」と捉えることを疑問視する動きもあり、一般にはインターセックスと呼ばれることが多い。

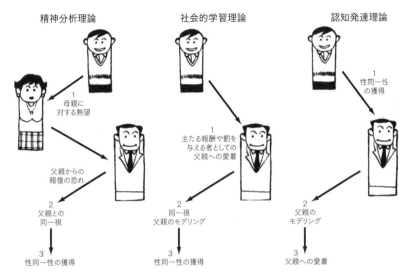

精神分析理論   社会的学習理論   認知発達理論

1
性同一性
の獲得

1
母親に
対する熱望

1
主たる報酬や罰を
与える者としての
父親への愛着

父親からの
報復の恐れ

2
父親との
同一視

2
同一視
父親のモデリング

2
父親の
モデリング

3
性同一性の獲得

3
性同一性の獲得

3
父親への愛着

図12-2 性役割取得についての3つの理論 (伊藤, 1991)

② 性役割獲得理論

　子どもは世界には男性と女性があることに気づき、自分にふさわしい性役割（gender role）を身につけていく。そのプロセスには、生物学的要因に加え、社会的影響と認知発達があり、精神分析理論、社会的学習理論、認知発達理論によって以下のように説明されている。

　男の子を例にとると、精神分析理論では、母親への欲望から**エディプス・コンプレックス**を抱くが、性器の発見とともに父親から復讐されることへの恐怖（去勢不安）を抱き、この恐怖から逃れるために父親との同一視が生じると考える。この過程の中で性役割が取り込まれていくと説明する。

　社会的学習理論は、男らしい行動に対し報酬が、そうでない行動には罰が与えられるという強化と、その主体である父親をモデルとした行動の模倣を重視する。認知発達理論は、自分は男であるという性同一視が初めにきて、子ども自身が自ら積極的に同性である男性の行動を評価し、最も身近な父親の行動を取り入れようとすると考える。

エディプス・コンプレックス：異性の親への性愛的欲望から同性の親を競争相手として憎む心理。精神分析学の用語。

認知と行動が発達する

大きくなったら女の人になるのか、
男の人になるのか

女の子が男の子の服を着たら
男の子になるのか

図12-3 性の安定性と性の一貫性

1 ジェンダーの気づき

　性役割の発達には、子ども自身の認知発達が土台となるが、その中心的なものが、性が恒常であるということの理解である。コールバーグ（Kohlberg, L.）によると、性の恒常性の理解には3段階ある。まず、3歳を過ぎる頃までには、人は男性か女性のどちらかであり、自分がそのどちらかであること（性の同一性）を理解する。次に、性は、時間が経って大人になっても変わらないこと（性の安定性）、さらに、着ている服や行っている活動によって変化したりしないこと（性の一貫性）を理解する。この順序で性の恒常性が獲得されていき、最後の性の一貫性が理解されるのは5歳頃であるが、子どもは、性の同一性を獲得した段階で、性役割を自ら積極的に取り入れようとする動機が高まると考えられている。子どもは「男らしい」「女らしい」とされる行動や職業などについてのさまざまな知識を獲得していく。この性役割の獲得プロセスには、親を含めた周囲の大人の影響もあるが、テレビをはじめとするメディアからの影響も大きい。性役割の内容は、文化により、また時代により異なるが、私たちは生涯、性役割の影響を受けることになる。

図12-4　男の子は戦いごっこが好き？

2 遊びの違い

　子ども同士の遊びを観察していると、男女で遊び方が異なることに気がつく。男子の遊びには戦いごっこが女子より多く、4歳の男子で女子の2倍観察され、その差は8歳まで開く一方である（Flannery & Watson, 1993）。一方、女子の遊びは、役割交替のある平和な遊びが多く、遊びのテーマは、ままごとのような家族関係の遊びが多い。このような行動の違いをもたらす一つの要因として、ホルモンの影響が考えられている（Hines, 2015）。たとえば、**先天性副腎過形成症**の女子は男子に典型的な遊びをすることが多いことが知られている。

　児童期に入ると、男子は、戦いごっこは減り、代わりにドッジボールやサッカーなどの大人数で行うゲームや、勝ち負けのあるカードゲームやテレビゲームに熱中するようになる。女子では少人数で交替でやる遊びが多く見られる。一般に、男子の遊びは女子の遊びより競争的なものが多い。このように幼児期から男女に一貫した差異が見られることが、子どもが男子と女子で分離して遊ぶ一つの要因になっていると考えられる。

先天性副腎過形成症：遺伝性疾患の一つで、この疾患を持つ子どもはコルチゾールなどのステロイドがつくられず、母親の胎内でアンドロゲン（男性ホルモン）に過剰にさらされることになる。

3

身体が変化するとき

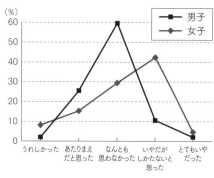

図 12-5　性的成熟（初潮・精通）の発現の
　　　　受容度（齊藤, 2003 を作図）

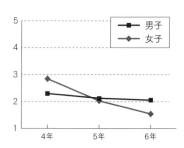

図 12-6　自分の外見への自信
（谷・相良, 2009）

■ 身体の成熟とその受けとめ方

　青年期は身体が急速に成熟に向かう時期で、男子の場合は、筋肉や骨格が発達し、声変わり、精通が起こる。女子は皮下脂肪が発達し、初潮が見られる。このような男女の性的特徴を、**第二次性徴**と呼ぶ。

第二次性徴：思春期に現れる男女の性的特徴のこと。これに対し、出生児の性腺と性器の男女の違いを第一次性徴と呼ぶ。

　身体の急激な成熟化の受け止め方は、男女により異なる。たとえば、図 12-5 にみるように、男子の大部分は精通を「なんとも思わなかった」「あたりまえ」と受け止めているのに対し、女子は初潮を約半数が「いやだったが、しかたがない」と「とてもいやだった」と男子より否定的に答えている。身体的変化も、早熟な男子ほど身体満足度が高いのに対し、早熟な女子ほど体重を重く感じ身体満足度が低くなる（上長, 2007）。実際、図 12-6 のように、自分の外見に対する自信は、男女とも小学校高学年で低下するが、男子より女子の方がその程度が大きい。女子の場合、身体の急激な成熟化に対し、痩せている女性を理想とする社会的風潮から、自分の体型に否定的な感情を持ちやすくなると考えられる。筋肉が発達するような男子の成熟は肯定的に受け止められるが、体重の増加を伴う女子の成熟に対する困惑や混乱は大きい。

表 12-1　性的経験が 5 割を超
　　　　える年齢（日本性教育協会，
　　　　2019 より作成）

	男子	女子
11 歳以前		
12 歳		初経
13 歳	自慰・ 性的関心	
14 歳	精通	
15 歳	デート	性的関心
16 歳	キス	デート・ キス・自慰
17 歳		
18 歳	性交	性交
19 歳		
20 歳		
21 歳		
22 歳以降		

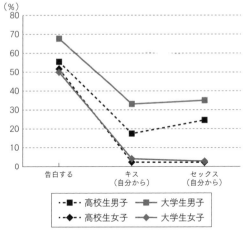

図 12-7　高校生、大学生の交際におけるイニシ
アチブ（日本性教育協会，2019 より作成）

2 性へのめざめ

　青年期になると、性意識が高まり、性行動が発達する。表 12-1 は、性的関心や性行動の経験率が 50％を超える年齢を示したものである。男子の場合、13 歳で性的関心、自慰の経験率が半数を超える。一方、女子は、12 歳で初経を経験した後は、15 歳で性的関心が高まり、16 歳でデート、キスを経験し、自慰の経験が半数を超える。概して、男子は性的な興味や欲求が先に生じ、それが特定の異性に対して向けられていくのに対し、女子は特定の異性と親しくなる過程で徐々に性的な関心を触発されるというように、性意識の発達には男女でずれが見られる。

　図 12-7 に見るように、恋愛における行動については、好意の告白経験は男女で差がないが、キスや性交などの経験には男子がイニシアチブをとる場合が多い（日本性教育協会，2019）。これは上述したような性意識の男女の違いと、恋愛の進行は男性がリードするべきだという社会的な性役割の影響があると考えられる。

表 12-2　身体の性と性自認および性的指向による組み合わせ （小林・小澤, 2016 を一部改変）

	性自認	性的指向	カテゴリー
身体が男性	男性であると自覚	女性に惹かれる	異性愛
	男性であると自覚	男性に惹かれる	男性同性愛
	女性であると自覚	男性に惹かれる	トランスジェンダー・異性愛
	女性であると自覚	女性に惹かれる	トランスジェンダー・女性同性愛
身体が女性	女性であると自覚	男性に惹かれる	異性愛
	女性であると自覚	女性に惹かれる	女性同性愛
	男性であると自覚	女性に惹かれる	トランスジェンダー・異性愛
	男性であると自覚	男性に惹かれる	トランスジェンダー・男性同性愛

◼ 性の多様性

　2、3歳頃に獲得する性の同一性（2節◼参照）は「男」と「女」という単純なラベリングを意味するが、成長するにつれ「自分は男または女である」という認識が生じる。これも性同一性であるが、医学的には「性自認」と呼ばれる場合が多い。

　「性的指向」とは、恋愛や性交の対象となる性別のことである。生物学的な性と性自認と性的指向によって多様な組み合わせができる。私たちの社会では、少数ではあるが、性自認が生物学的性と一致しない人、異性愛ではない人などさまざまに存在することが **LGBT** という用語の広まりとともに広く認識されるようになってきた（表 12-2）。

　心理学や精神医学で主に取り上げられるのは、生物学的な性と性自認が異なる場合の**性別違和**（性同一性障害）である。性別違和とは、服装や、遊びなどの好みが同性のものと異なり、自分の性に強い違和感を持っている状態である。多くの場合、就学前から違和感を持っていることが多く、思春期に入ると自分の体の変化に嫌悪感を抱いたりするようになる（中塚, 2010）。このような子どもが自己を受け止められず自己評価を低めてしまわないような支援が必要となる。

　小中学生を対象とした浜田ら（2016）の調査によると、中学生男子は小学生男女と中学生女子に比べ、性別違和感と抑うつとの関連が強いことが明らかにされている。男子では、性別違和感が仲間関係における排除や攻撃対象になりやすく、抑うつにつながりやすいと考えられる。

LGBT：L（Lesbian）＝同性愛女性、G（Gay）＝同性愛男性、B（Bisexual）＝両性愛者、T（Transgender）＝生物学的性と異なる性に同一視する者。

性別違和（Gender Dysphobia）：医学用語。2013年に米国精神医学会により性同一性障害は性別違和と名称が変更された。

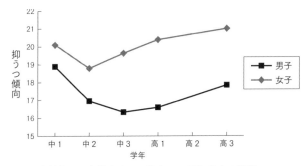

図 12-8　中学生から高校生までの抑うつの平均得点の推移 （Ge et al., 2001）

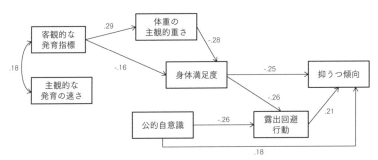

図 12-9　女子の発育タイミングから抑うつ傾向に至るパス・ダイアグラム （上長, 2007）

2 青年期の抑うつ

　一般に、うつ病の罹患率は女性が男性の2倍高いことが知られている。図 12-8 は、13 歳から 18 歳まで自己報告式の抑うつ傾向を縦断的に測定した結果である。日本でいえば中学2年生以降女子の抑うつは男子より有意に高い。特に、早熟の女子に抑うつが高いことが指摘されているが（Ge et al., 2001）、なぜ女子の抑うつが高まるかという原因については、上長（2007）の中学生を対象にした横断データによる関連モデルが参考になる。図 12-9 を見ると、思春期に入り、女子が身体の満足度を低下させることに加えて、**公的自意識**の高まりからみんなと一緒に着替えないようにするなど身体を見せないようにする露出回避行動を経て、抑うつ傾向が高まることが示唆されている。成熟の速さやパーソナリティにおける個人差と社会的な評価との複雑な要因が関連していると考えられる。思春期における抑うつの高まりは、自尊感情の低下と深い関係がある。

公的自意識（公的自己意識）：他者から自分がどう見られるかという意識（6章5節も参照）。

恋愛と結婚の捉え方は違う？

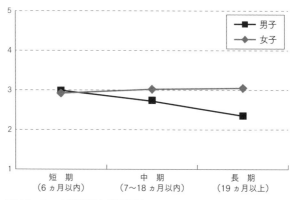

図 12-10　恋愛期間と関係不安（髙坂, 2009 より作成）

1 恋愛の影響

　大学生に恋愛のイメージを聞くと、「成長」といった肯定的なイメージが強く（金政, 2002）、実際に異性と恋愛関係になると、自尊感情が高まるなど心理的にプラスの影響が大きい。しかし、マイナスの影響もある。髙坂（2009）の大学生を対象にした調査によると、恋愛の影響として、プラスの面には「自己充足」「充足的気分」「他者評価の上昇」、一方、マイナス面としては、「拘束感」「関係不安」「経済的負担」「生活習慣の乱れ」があるとしている。男子大学生は、拘束感と他者評価の上昇を女子学生よりも高く報告する一方で、女子学生は、「生活習慣の乱れ」に加え、交際期間の長い場合に、相手の気持ちがいつも気になるという「関係不安」を男性より高く回答していた（図 12-10 参照）。しかし、この「関係不安」は、**アイデンティティ**の確立にはプラスになるという結果が報告されている（髙坂, 2013）。

アイデンティティ：9章2節参照。

　また、女子学生は、恋愛関係の満足度と束縛感、関係不安、生活習慣の乱れとの間に負の関連があり、恋愛関係の不満は関係満足度の低下と密接に関連し合っている。別の見方をすれば、相手が不満であるにもかかわらず恋愛を維持している者がいることがうかがえる。

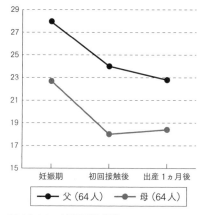

図 12-11　対児回避感情 (赤川ら, 2009)

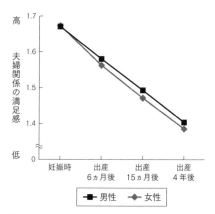

図 12-12　妊娠時から産後の夫婦関係満
足感の変化 (加藤, 2009)

2 親になるとき

　子どもを産むのは女性だが、親になるという点で、男女差はあるのだろうか。出産前と出産時、出産1ヵ月後に生まれた子どもにどのような感情を持つかを聞いた研究によると、父親より母親の方が対児感情はよりポジティブだったが、父親も対児感情（回避感情の接近感情100に対する割合）は時間とともによりポジティブな方向へ変化していた（図12-11参照）。母親のように妊娠時に胎動などを通じて胎児の存在を意識できるわけではないが、父親も日々の接触により子どもに対するポジティブな感情は高まっていくと考えられる。

　しかし、親になることで、夫婦としてそれぞれが感じる結婚生活に対する満足感は減少することがわかっている（図12-12参照）。この理由として加藤（2009）は、育児の負担が増えること、それにより自由な時間が減ることに対する不満、経済状況が苦しくなること、役割葛藤などを挙げている。役割葛藤とは、たとえば女性の場合であれば、母親という役割と妻という役割の間に矛盾が生じたりして葛藤が起こることである。「子どもを産んで良かった」という質問にはほとんどの親が同意するが、夫婦関係への影響の点からみると子どもを持つことは肯定的な面だけではないことがわかる。

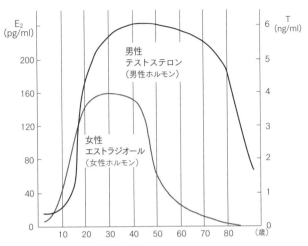

図 12-13　ホルモン分泌の変化（玉舎, 1992）

■ ホルモン分泌の変化

　更年期は、医学的には「生殖期から老年期への移行期」と定義され、日本では、平均閉経年齢は 50 ～ 51 歳の間にあり、45 歳から 55 歳くらいが更年期と考えられている。女性は更年期を迎えると卵巣機能が低下し、女性ホルモンの血中濃度が急激に低下する（図 12-13 参照）。このような生理的な変化に加え、この時期は、環境や人間関係の変化がきっかけとなり、更年期障害と呼ばれる心身の不調をきたしやすい。特に、それまで育児中心できた女性は、**空の巣症候群**に陥りやすい。

　しかし、健康な女性の多くは、この時期を通じて健康や自分自身について見直し、心理的・社会的な成長を遂げることができるとも言われている（小此木, 1983）。更年期以降の期間が生殖期を上回る長さになった日本の女性にとって、中年期はアイデンティティ形成の面でも新たな人生の出発点とも言える。

　男性の場合は、女性ほど明確な性ホルモン分泌の変化はないが、60 代から 70 代にかけての男性ホルモンの血中濃度の低下が、老化に伴う心身の不調と関連があることが指摘されている（熊本, 2018）

空の巣症候群：
子どもの自立により、母親役割を喪失したことで、空虚感や抑うつ感のような不定愁訴が見られる。

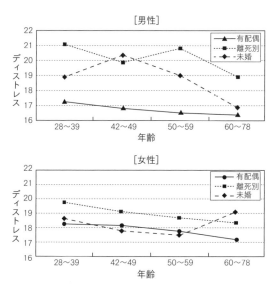

図12-14　年齢別・婚姻上の地位別にみたディストレスの平均値 (稲葉, 2002)
注：データは横断データである。

2 配偶者の存在

　成人期以降の精神的健康に影響する要因の一つが夫婦関係である。夫
と妻の結婚満足度は、結婚初期には高く、10年以内に急速に下がり、
その後はゆるやかに低下していくと言われている（加藤, 2009）。また、
男性に比べて一貫して女性の満足度の低さが指摘されている。

　図12-14は、男性が配偶者と離別・死別した場合は、ディストレス
（抑うつ）が有配偶者より高くなることを示している一方で、女性は、未
婚者や離別死別の女性のディストレスは有配偶者と差がなく、配偶者の
存在は男性ほど心理的な恩恵はないことがわかる。男性にとっては、妻
の存在は、自分を評価してくれたり、心配事の相談に乗ってくれたりす
る重要な情緒的サポート源であるが、女性は、男性ほどの情緒的サポー
トを配偶者から感じていないと言われている。これには、日本では男性
は家計、女性はケアの担い手という役割で夫婦関係を維持している夫婦
が多いためであろう（稲葉, 2002）。

■ 引用・参考文献

赤川利枝・近藤恵美・木戸晶子・藤原裕子・木ノ内幸子・後藤祐貴子 (2009). 妊娠期から出産1ヶ月後における対児感情の変化と今後の両親への関わりについて —— 分娩室で父母による早期接触を試みて　母性看護, 40, 117-119.

Flannery, K.A., & Watson, M.W. (1993). Are individual differences in fantasy play related to peer acceptance levels? *Journal of Genetic Psychology*, 164, 407-416.

Ge, X., Elder, G. H., & Conger, R. D. (2001). Pubertal transition, stressful life events, and the emergence of gender differences in adolescent depressive symptoms. *Developmental Psychology*, 37, 404-417.

浜田恵・伊藤大幸・片岡正敏・上宮愛・中島俊思・高柳伸哉・村山恭朗・明翫光宜・辻井正次 (2016). 小中学生における性別違和感と抑うつ・攻撃性の関連　発達心理学研究, 27, 137-147.

Hines, M. (2015). Gendered development. In M. E. Lamb (Ed.), *Handbook of Child Psychology and Developmental Science*, Vol. 3 (7th Edition, pp. 842-877), John Wiley & Sons Inc.

稲葉昭英 (2002). 結婚とディストレス　社会学評論, 54(2), 69-84.

伊藤裕子 (1991). 女の子と男の子　川島一夫 (編著) 図でよむ心理学 発達 (13章)　福村出版

伊藤裕子 (編著) (2000). ジェンダーの発達心理学　ミネルヴァ書房

上長然 (2007). 思春期の身体発育のタイミングと抑うつ傾向　教育心理学研究, 55, 370-381.

金政祐司 (2002). 恋愛イメージ尺度の作成とその検証 —— 親密な異性関係、成人の愛着スタイルとの関連から　対人社会心理学研究, 2, 93-101.

加藤司 (2009). 離婚の心理学　ナカニシヤ出版

小林牧人・小澤一史 (2016). ヒトにおける求愛・性行動と脳の性　小林牧人・小澤一史・棟方有宗 (編) 求愛・性行動と脳の性分化 —— 愛 (6章) 裳華房

コールバーグ (1966). 子供は性別役割をどのように発達させるか　マッコビィ (編) 青木やよひ他 (訳) (1979). 性差 (pp.131-253)　家政教育社

髙坂康雅 (2009). 恋愛関係が大学生に及ぼす影響と、交際期間、関係認知との関連　パーソナリティ研究, 11, 144-156.

髙坂康雅 (2013). 大学生におけるアイデンティティと恋愛関係との因果関係の推定 —— 恋人のいる大学生に対する3波パネル調査　発達心理学研究, 24, 33-41.

熊本悦明 (2018). 熟年期障害 —— 男が更年期の後に襲われる問題　祥伝社新書

中塚幹也 (2010). 学校保健における性同一性障害 —— 学校と医療との連携　日本医事新報,

4521, 60-64.

Newton 別冊（2006）. 性を決める X と Y ── 性染色体と「男と女のサイエンス」　ニュートンプレス

日本性教育協会編（2013）.「若者の性」白書 ── 第7回 青少年の性行動全国調査報告　小学館

日本性教育協会編（2019）.「若者の性」白書 ── 第8回 青少年の性行動全国調査報告　小学館

落合良行・伊藤裕子・齊藤誠一（2002）. ベーシック現代心理学 「青年の心理学」改訂版　有斐閣

小此木啓吾（1983）. 中年の危機　岩波講座 精神の科学6　ライフサイクル　岩波書店

齊藤誠一（2003）. からだの成長は心にどういう影響をあたえるか ── 思春期の危機の構造　児童心理, 57(3), 20-25.

佐々木掌子（2017）. トランスジェンダーの心理学 ── 多様な性同一性の発達メカニズムと形成　晃洋書房

玉舎輝彦（1992）. 産婦人科薬物療法の基本と応用　金芳堂

谷俊一・相良順子（2009）. 児童期における自己認知の側面に対する自己評価と自己受容感との関係　聖徳大学児童学研究所紀要, 11, 67-74.

大学生

　大学生は4年間の学生生活でどのように発達するのだろうか。これについて、Chickering & Reisser（1993）の7つのベクトル理論がある。「専門能力を獲得する」「感情をコントロールする」「自立性、相互依存性を発達させる」「大人としての対人関係を発達させる」「アイデンティティを確立する」「目的意識を発達させる」「全体性を発達させる」という大学生の発達の7つの要素である。4年間の大学生活は、目標を掲げて挑戦し専門性を身につけ、仲間と協調しながら自立をバランスよく獲得し、コミュニケーションを通して自他の違いに気づいて自我を確立して将来への展望を持つことを通して人格形成にもつながる。

　その一方、大学生活には乗り越えるべき課題もある。就職、勉強、学費・生活費、アルバイト、部活・サークル、恋愛、友人関係、親・家族関係のそれぞれで悩みが生じてくる。たとえば、「就職の準備をいつからやるかわからない。就職と勉強が両立できない。努力が報われるかが疑問」「勉強していることが将来に役立つかわからなくて無意味に感じるときがある」といった悩みもある。「学費を稼がなければいけない」「交友関係が広がるほど出費が増える」といったお金の問題もある。親からの自立のためにアルバイトをするが、「バイト先がブラックでタダ働きに近いがやめられない」とアルバイトに巻き込まれてしまうケースもある。大学での人間関係の中心は講義よりも部活やサークルになってくるため、勉強と活動のバランスや人間関係をつくることに悩むこともある。そのような中、若者の「恋愛離れ」も指摘されているが、恋愛したいという悩みもあれば、恋愛しているがゆえの悩みもある。友人も高校までのクラスメイトと毎日顔を合わせるといった環境とは異なり、講義ごとに違う人と受けるため、寂しさや交友関係を広げにくいと感じやすい。

　だからこそ大学生の発達の7つの要素は、どこまで学生の発達を支援したらよいのかといった問いを考えるときのきっかけになる。なぜなら、4年間の大学生活は単なる知的発達にとどまらない、より広い全人的な発達を遂げるためにとても大切な時期だからである。

■ 参考文献

Chickering, A. & Reisser, L.（1993）. *Education and Identity*（2nd ed.）. Jossey-Bass.

13章

長生きするのは幸せですか？

高齢期における心身の発達と支援

　皆さんは歳をとることに対して否定的な感情を持っていないだろうか。急速な高齢化の進行と合わせて社会保障制度の破綻への懸念や孤独死などが声高に喧伝され、人々は自身が高齢者になることへの不安を強めているように見受けられる。現在 100 歳超の高齢者は 7 万人を上回り、いわゆる「老後」は約 30 年以上の長期にわたる。この長い時間を、いたずらに老いを恐れて過ごすのではなく、生涯への見通しに基づき自分らしく生き抜くためには、高齢期の発達について適正に理解することが有用である。本章では、老い、高齢者など基本的な用語の理解を手始めに、発達心理学が明らかにしてきた高齢者の心身の特徴、そして超高齢社会に生きる高齢者が抱えやすい心理的問題とその支援について学ぶことを目的とする。

> **予習課題**　「老い」「高齢者」について、社会一般に流布している通念やイメージにどのようなものがあるか調べてみましょう。
>
> **復習課題**　「老い」「高齢者」「高齢期」について学んだ内容をもとに、予習で調べた「老い」や「高齢者」に対する通念やイメージのうち事実に反するものにはどのようなものがあるか、なぜ誤った通念やイメージが共有されてしまうのか、考えてみましょう。

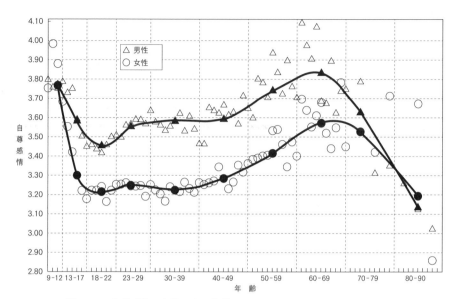

図13-1　自尊感情の年齢による比較 (Robins & Trzesniewski, 2005)

1 老いは中年期に始まる

　高齢者、老人、お年寄り、といろいろな表現があるが、いずれも年齢が高く、老いの過程にある人々を指す言葉である。では、人が「自分も年をとったなぁ」と感じる、すなわち老いを感じ始めるのはいつ頃なのだろうか。生涯発達心理学では、40歳前後に老いが始まることが明らかにされてきた（若本・無藤, 2006；Whitbourne, 2002など）。老いは、身体面（体力の衰えや疲れやすさ、老眼や聞こえの悪さなど身体機能の低下など）、心理社会面（記憶力などの衰え、流行に疎くなるなど世間からずれてきた感覚など）など多方面にわたって生じる。人はそれらを自覚することで、自分の人生の限界を実感したり、老いの先に待っているであろう死を想像し、不安を感じたりすることもある。

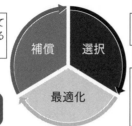

できなくなったことがでてきたら、サポートを受けることで目的を達成する

→

ウェルビーイングがポジティブに保たれる

無理のない、手が届く目的を選んで設定する

新しく何かを獲得するよりも、すでに持っている力を十分に活かすことで目的を達成する

補償　選択

最適化

図 13-2　高齢者のウェルビーイングが保たれる仕組み：バルテスの「選択、最適化、補償」（Baltes & Baltes, 1990；Freund & Baltes, 2002 をもとに作成）

❷ 老いていくことは、必ずしも不幸ではない

　ところが、興味深いことに、老いに直面する人生後半にある人々は、自尊感情などの**ウェルビーイング**の水準が生涯で最も高いことが知られている（図 13-1）。この一見矛盾した現象は "ウェルビーイングの逆説"（Mroczek & Kolarz, 1998）と呼ばれてきた。

　なぜこのような現象が起こるのだろうか。そのメカニズムを説明するもので代表的なのは、「選択、最適化、補償」という３つの方略を用いることで、ウェルビーイングが維持されるとするバルテスの考えである（Baltes & Baltes, 1990；Freund & Baltes, 2002 など）（図 13-2）。具体的な例で言うと、高齢期に入り、これまで趣味であった登山が膝の痛みで難しくなった場合に、膝サポーターや杖など医療支援器具の手助けを上手に借りながら登山を続けたり（選択と最適化）、膝に負担のかからないハイキングという趣味を見つけ、歩く楽しみは継続したりする（選択と補償）ことで適応的な状態を維持できる。

　さらに、若本（2010）は、老いることには肯定面（時間的・経済的・心理的余裕）もあり、その肯定的な影響が広範かつ強力であるのに対して、衰えなど老いの否定面による影響は限定的であることを見出している。このように、高齢者は、老いたから不幸だというわけではなく、老いに対する折り合いかた次第で、ポジティブな心理状態を保つことが可能だと考えられている。

ウェルビーイング：ポジティブな心理機能全般を指す。安寧と訳されることもある。

2　高齢者とは誰のことか

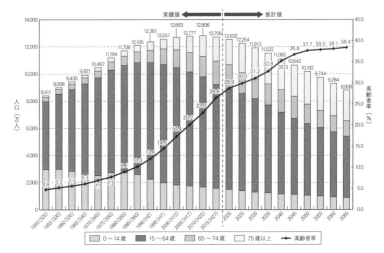

図13-3　高齢化の推移と将来推計（内閣府，2017のデータをもとに作成。2010年と2015年は総務省「国勢調査」、2020年以降は国立社会保障・人口問題研究所「日本の将来推計人口（平成29年推計）」の出生中位・死亡中位仮定による推計結果）

■1 高齢者とは65歳以上の人々である

　世界保健機関（WHO）の定義によると、高齢者とは65歳以上の人々を指し、わが国もその考え方に準じている。一方で、人間の長寿化と社会の高齢化が進み、高齢期が長期化してきたことから、65〜74歳を「前期高齢者」、75歳以上を「後期高齢者」と区分することも多い。なぜこのように区分されるかというと、前期高齢期は、健康状態や運動機能、心理機能などが中高年と比較的変わらずに維持されているのに対して、後期高齢期に入ると身体疾患や認知症等の罹患数が急増するなど、双方には異なる点が多いことがわかってきたためである。わが国では、前期高齢者と後期高齢者では、健康保険などの社会保障制度の枠組みも異なっている。

■2 わが国では後期高齢者が増加している

　わが国では世界に先駆けて高齢化が急速に進んでいる。平成29（2017）年版、平成30（2018）年版『高齢社会白書』によれば、高齢化率は

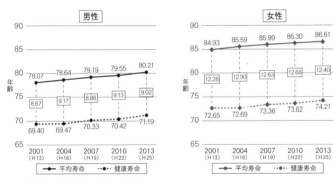

図 13-4　平均寿命と健康寿命の推移 （出所：内閣府，2017，図1-2-3-3のデータをもとに作成。平均寿命：2001，2004，2007，2013年は厚生労働省「簡易生命表」、2010年は「完全生命表」）、健康寿命：2001，2004，2007，2010年は厚生労働科学研究費補助金「健康寿命における将来予測と生活習慣病対策の費用対効果に関する研究」、2013年は厚生労働省が「国民生活基礎調査」を基に算出）

2036年には33.3%、2065年には38.4%になると推計されている。さらに、2018年3月時点の人口推計において、後期高齢者数が前期高齢者数を上回り（後期高齢者1769万人、前期高齢者1764万人）（総務省，2018）、「高齢者の高齢化」も進んでいる。2024年以降、後期高齢者人口は高齢者人口の6割以上になり、2065年には人口の約3.9人に1人が後期高齢者である社会になると推計されている（図13-3）。

❸ 健康寿命への関心が高まっている

　長寿化と高齢化が進行する中、注目を集めているのが健康寿命である。健康寿命は「健康上の問題で日常生活が制限されることなく生活できる期間」であり、日常生活における自立が保たれている期間である。図13-4によると、2001年以降、平均寿命、健康寿命ともに延びているが、健康寿命の延びは平均寿命の延びと比べると小さい。また、平均寿命と健康寿命の間には、女性では12年の差があり、男性より長期間である。これは、女性は生物学的には男性より長命であるものの、加齢に伴う筋肉量や筋力の低下から生じる転倒などの後遺症で、入院や介護のもとで生活している期間が長いということを意味している。20世紀末、下仲（1999）は、高齢者問題とは女性の問題であると警鐘を鳴らしたが、現在の健康寿命の状況はその予見に符合している。

3 高齢者は発達心理学において どのように捉えられてきたか

表 13-1　エリクソンのライフサイクル理論（Erikson & Erikson, 1997/2001 から一部を抜粋して作成）

	発達段階	心理社会的危機	重要な関係の範囲	基本的強さ	中核的病理
Ⅰ	乳児期	基本的信頼　対　不信	母親的人物	希望	引きこもり
Ⅱ	幼児期初期	自律性　対　恥、疑惑	親的人物	意志	強迫
Ⅲ	遊戯期	自発性　対　罪悪感	基本家族	目的	制止
Ⅳ	学童期	勤勉性　対　劣等感	「近隣」、学校	適格	不活発
Ⅴ	青年期	アイデンティティ　対　アイデンティティ拡散	仲間集団と外集団：リーダーシップの諸モデル	忠誠	役割拒否
Ⅵ	前成人期	親密性　対　孤立	友情、性愛、競争、協力の関係におけるパートナー	愛	排他性
Ⅶ	成人期	生殖性　対　停滞	（分担する）労働と（共有する）家庭	世話	拒否性
Ⅷ	**老年期**	**統合　対　絶望**	**「人類」「私の種族」**	**英知**	**侮蔑**

■1 エリクソンのライフサイクル理論

　高齢者の発達に関する本格的な研究は第二次大戦後に始まり、いまだ歴史は浅い。児童心理学に端を発した発達心理学が、主に児童の右肩上がりの発達を検討してきた中、20 世紀半ば、エリクソン（Erikson, 1950）は、重要な他者とのかかわりを通して自我構造が段階的に構造化されていく過程を生涯にわたるものと捉え、生涯発達のプロセスを時期固有の心理社会的危機を有する 8 段階のライフサイクルとして示した（表 13-1）。その中で、人生最終の第 8 段階にあたる「老年期」は「統合 対 絶望」という同調要素と失調要素をもつ段階とされている。

　エリクソンの死後、共同研究者で妻でもあった J. エリクソンによって、80 代、90 代の超高齢者に対応する第 9 段階も想定され、衰えや喪失、目前の死などによるさまざまな失調を甘受できる先に「老年的超越」があると提唱された（Erikson & Erikson, 1997/2001）。

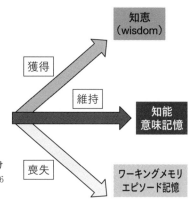

図 13-5　バルテスの生涯発達理論における高齢者の認知発達 (Baltes et al., 2006 をもとに作成)

2 バルテスの生涯発達理論

　一方、バルテスの生涯発達理論（Baltes et al., 2006 など）では、生涯発達とは、人間の生物としての要因と、社会・文化・歴史などの環境要因とが相互作用しながら適応力が変化していく過程を指す。バルテスは、人生早期の経験が後の発達を規定するとは考えず、いついかなる時点でも発達は生じ、その修正もどの時点でも可能であるとした。そのような考えのもと、高齢期であっても、衰えなどの喪失ばかりでなく、新たに獲得されるもの、それまでと変わらずに維持されるもののいずれもが存在することを示した（図 13-5）。

　バルテスの生涯発達理論のもう一つの特徴として、衰えや老化が進行する高齢期には、それまでとは異なる発達上の特徴やバランスがあることを明示した。高齢期は生物学的な衰えや老化が明確になってくるため、①衰えや老化を補償する方略が多用されるようになる、②社会的・文化的サポートの利活用が適応の維持のために重要になる、③老化により身体的エネルギーや心理的スキルなどの内的資源が減少するため、その配分の仕方が変化し、より重要な部分に重点的に資源を配分することで、適応を保つようになることなどを挙げた（1 節「選択、最適化、補償」など）。そして、こういった高齢期の特徴に合わせた調整が、適応や幸福感を保ち、高齢期の発達が円滑に進展していくための鍵になるとした。

4

高齢者の心と身体はどんな状態か

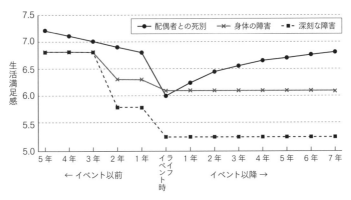

図13-6　ストレスフルなライフイベント前後の生活満足感の推移 （Lucas, 2009 を もとに作成）

1 高齢者の認知、社会情緒、人間関係

　これまでの研究によって、高齢期の心理面は、一般に考えられている ほど衰えるわけではないことが明らかにされている。若本（2014）の概 観によれば、出来事に関するエピソード記憶は加齢とともに衰えるが、 物事の意味に関する記憶や体の記憶である手続き記憶はほとんど加齢の 影響を受けない。知能の機能もかなり高齢になるまで保たれる。日常生 活や対人関係の問題解決においても柔軟性に富んだ対処が可能で、自分 が慣れ親しんだ仕事であれば、若い人々よりも高い成果を出せる。

　情緒は、表出や応答性などには加齢による変化は見られないが、肯定 的情緒が増加し、主観的幸福感も若い世代と比較すると高い。これは、 高齢者は情動調整にすぐれており、出来事をポジティブに解釈するなど の成熟した方略を用いることが背景にあるためだと考えられている。

　さらに、高齢者の人間関係の全般的な特徴として、人間関係が縮小し、 家族などごく親しい人々との狭い関係へと収縮していく傾向があるが、 その中でも、良好な情緒的交流を伴う人間関係を有する高齢者は、心理 的に健康であり身体的にも長命である。特に、趣味や地域の活動での友 人関係は、家族関係とは異なり自ら選択する関係であることから、心理 的健康や主観的幸福感に対する寄与はより大きいと言われている。

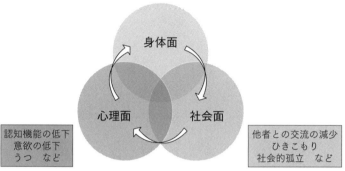

図 13-7　高齢者におけるフレイル（公益財団法人長寿科学振興財団「健康長寿ネット」を参考に作成。https://www.tyojyu.or.jp/net/byouki/frailty/about.html）

2 高齢者の心は身体の状態の影響を受けやすい

　一方で、高齢期は、乳児期や思春期とならび、身体面の変化が心理社会面に大きな影響を及ぼす時期である。これまでのストレスに関する研究では、最もストレスフルなライフイベントは配偶者との別離であるとされてきた。しかし、健康を損なったことで生じる身体の機能障害は、長期間にわたる生活満足感の深刻な低下を招き、改善が難しいことが示されている（図 13-6）（Lucas, 2009）。

　それに加え、高齢者は通常、体の病気を複数抱えているため、心身の脆弱性が多面的かつ相互に関連して出現することがある。この現象は予防の着眼点として注目され、フレイルと呼ばれている（図 13-7）。身体面、心理面、社会面の負の連鎖により、高齢者の心と体の健康を損なわないためには、十分な栄養と睡眠、適度な運動、規則正しく活気ある生活、親しい人々との温かい交流を保てるよう、家族や友人などの身近な人々と専門家が協働して支援していくことが重要である。

5

高齢者に見られる心理的問題とは

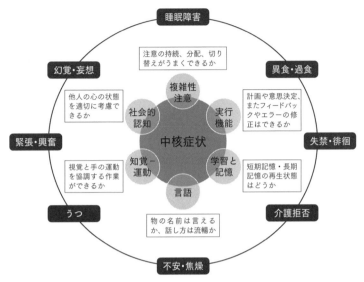

図13-8　認知症の中核症状と周辺症状（行動・心理症状）（American Psychiatric Association, 2013/2014 などを参考に作成）
注：内側の円内が中核症状、外側が周辺症状。

1 認知症

　現在、わが国の高齢化対策において、認知症は最重要課題とされており、社会的関心も高い。その理由は、超高齢社会の到来により、認知症患者の急増が予測されているからである。2025 年には約 700 万人、高齢者の約 5 人に 1 人に達することが見込まれている。留意する必要があるのは、前期高齢期である 65 歳では認知症と診断される高齢者は 1 〜 2％だが、後期高齢期の 85 歳では 30％と急増することである（American Psychiatric Association, 2013/2014）。つまり、認知症は、後期高齢者の多くが罹患しうる神経認知障害なのである。

　認知症では、認知すなわち記憶などとあわせて生活機能が損なわれていく。その症状には、図 13-8 に示す中核症状である認知機能の障害 6 領域、周辺症状と位置づけられる行動・心理症状がある。中核症状と周辺症状の出現や悪化は連動しないこともあり、認知機能の障害は軽度だ

〈感情・気分〉	〈意欲・行動〉
悲哀、憂うつ、空虚感、みじめさ 絶望感、焦燥感、易怒的気分 ポジティブな感情の消失	疲労感、興味や気力・意欲消失 今までしていたことをしなくなる ひきこもり、自殺企図
〈思考〉	〈身体機能・自律神経系〉
思考力・集中力・記憶力低下 決断困難、反すう思考 罪責、無価値観、自殺念慮	不眠・過眠、体重減少 食欲低下・増進 頭痛、腰痛、肩こり

図13-9　うつの多様な症状

が、周辺症状が深刻であるため介護に困難を来すような場合もある。

　現時点において、認知症はいったん発症すると回復は困難であり、早期発見・早期介入によって進行を遅らせることが最も有効な介入手段だと考えられている。そのため、高齢者精神保健や精神医療において、予防の重要性が強調されている。

❷ うつ

　うつでは図13-9に示す多様な症状が表れるが、感情、認知、自律神経などの症状を伴ったエピソードが2週間以上続き、良くなったり悪くなったりを繰り返す場合に「うつ病」と診断される。20代の若者に多く見られるが、わが国では中高年の患者も少なくない。高齢者のうつ病では気分の落ち込みよりも、身体症状に過度の不安を示す傾向がある。

　うつ病を抱える高齢者において最も懸念されるのは、自殺が多いことである。厚生労働省が毎年発表している自殺の統計によれば、高齢者の自殺の原因・動機の最大値はつねに健康問題であり、自殺の背景にうつ病などの精神障害が存在する場合が非常に多い（高橋, 2014）。高齢者は、自分の健康状態に対して悪い評価をしがちで、自分の病気が家族に迷惑をかけていると思い込み、死を選ぼうとする場合がある。自殺のリスクを見逃さず介入するためには、高齢者は身体の訴えを通じて救いを求めている場合が少なくないといった徴候を知っておくことが重要である。

6 高齢者が自分らしく生き抜くための支援とは

■ クオリティ・オブ・ライフ（QOL）の重視

　高齢者の支援の基本は、クオリティ・オブ・ライフ（生活の質、人生の質。QOLと記されることが多い）を高め、ウェルビーイングや生きがいが保障されるような支援である。特に、心身の衰えが顕著になる後期高齢期以降は、心身の機能や大切な人々の喪失、そして心身の機能低下による生活上の制限を回避することはできない。その中で、大切なのは、高齢者一人ひとりの意思と自己決定が尊重され、最期まで自分らしい生き方ができることである。そのために、心身機能の回復を図るリハビリテーションやデイケアなどの積極的な活用や、地域の人々との豊かなつながりを構築し、孤独・孤立を防ぐ活動などが有効である。

■ 新オレンジプラン

　新オレンジプランとは「認知症施策推進総合戦略」であり、超高齢化に伴う認知症の急増に対応すべく策定された。新オレンジプランでは、「認知症の人の意思が尊重され、できる限り住み慣れた地域のよい環境で自分らしく暮らし続けることができる社会の実現」を目指し、認知症の高齢者だけでなく、介護者や家族までを視野に入れ、地域ぐるみの包括的な支援体制の構築を目指している。認知症の人が必要と感じていることや生きがいを支援し、認知症の人や家族の視点を施策の企画・立案や評価に反映させるなど、当事者に寄り添い、社会全体で認知症を支えていこうとする姿勢が特徴的である（図13-10）。

■ エンド・オブ・ライフケア／緩和ケア

　高齢期は人生の最終段階でもある。複数の病を抱えている場合も多い。現在、病や障害がある人々自身による医療や支援のあり方に関する意思決定を尊重し、個人の尊厳を守ろうとする潮流が拡大している（たとえば2006年の国連による障害者権利条約など）。この世界的な動向に呼応し

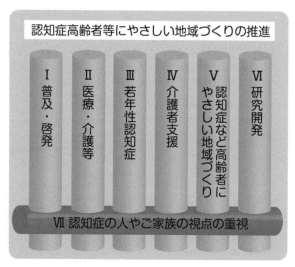

図13-10　新オレンジプランの7つの柱 （厚生労働省, 2015）

て、厚生労働省は、従来の「終末期医療」を「人生の最終段階における医療」と改め、本人による決定を基盤に医療を進めていくことを原則とするガイドラインを2015年に作成した。これは、最期まで個人の尊厳を尊重し、人が自分らしく生き抜くことを支援する医療のあり方を志向する変革だと言えるだろう。

　一方、緩和ケアとは、生命を脅かすような病に直面した人と家族に対して提供されるケアのことである（WHO, 2002）。がんの患者に対して提供され、痛みや症状の緩和や、心理社会的・スピリチュアルな支援を通してQOLを改善し、病にある人が最期まで自分らしく生き抜くことを支える全人的なケアと位置づけられている。わが国でも、2012年の第2期「がん対策推進基本計画」において、がんの診断時から治療と並行して緩和ケアを行うよう明示され、専門チームや外来等、医療機関における緩和ケア体制の整備が推進されている。

■ 引用・参考文献

American Psychiatric Association (2013). *Diagnostic and Statistical Manual of Mental Disorder, 5th edition.* Arlington, VA: American Psychiatric Publishing. (高橋三郎・大野裕 (監訳) (2014). DSM-5 精神疾患の診断・統計マニュアル 医学書院)

Baltes, P. B., & Baltes, M. M. (Eds) (1990). *Successful Aging: Perspectives from the Behavioral Sciences.* New York: Cambridge University Press.

Baltes, P. B., Lindenberger, U., & Staudinger, U. M. (2006). Life-span theory in developmental psychology. In W. Damon & R. M. Lerner (Ed.), *Handbook of Child Psychology: vol.1. Theoretical Models of Human Development* (6th ed., pp. 569-664). Hoboken, NJ: John Wiley & Sons.

Erikson, E. H. (1950). *Childhood and Society.* New York: Norton.

Erikson, E.H., & Erikson, J.M. (1997). *The life cycle completed: A review* (Expanded edition). New York: W. W. Norton & Company, Inc. (エリクソン, E. H., エリクソン, J. M. 村瀬孝雄・近藤邦夫 (訳) (2001). ライフサイクル, その完結〈増補版〉 みすず書房)

Freund, A. M., & Baltes, P. B. (2002). Life-management strategies of selection, optimization, and compensation: Measurement by self-report and construct validity. *Journal of Personality and Social Psychology, 82*, 642-662.

厚生労働省 (2015). 認知症施策推進総合戦略 (新オレンジプラン) 〜認知症高齢者等にやさしい地域づくりに向けて〜 (概要) https://www.mhlw.go.jp/file/06-Seisakujouhou-12300000-Roukenkyoku/nop101.pdf

Lucas, R. E. (2009). Adaptation and the set-point model of subjective well-being: Does happiness change after major life events? In S.T. Charles (Ed.), *Current Direction in Adulthood and Aging* (pp. 142-149). Boston, MA: Pearson Education, Inc.

Mroczek, D. K., & Kolarz, C. M. (1998). The effect of age on positive and negative affect: A developmental perspective on happiness. *Journal of Personality and Social Psychology, 75*, 1333-1349.

内閣府 (2017). 平成29年版高齢社会白書 https://www8.cao.go.jp/kourei/whitepaper/w-2017/zenbun/29pdf_index.html

内閣府 (2018). 平成30年版高齢社会白書 https://www8.cao.go.jp/kourei/whitepaper/w-2018/zenbun/30pdf_index.html

Robins, R. W., & Trzesniewski, K. H. (2005). Self-esteem development across the life span. *Current Direction in Psychological Science, 14*, 158-162.

下仲順子 (1999). 老化の心理学的アプローチ 折茂肇 (編集代表) 新老年学 (第2版, pp.

1325-1340) 東京大学出版会

総務省統計局（2018）．人口推計（平成 30 年 3 月 1 日現在確定値） https://www.e-stat.
go.jp/stat-search/files?page=1&layout=dataset&toukei=00200524&tstat=000000090001
&stat_infid=0000317417312018-08-20

高橋祥友（2014）．自殺の危険 —— 臨床的評価と危機介入（第 3 版） 金剛出版

若本純子（2010）．老いと自己概念の媒介機能から捉えた中高年期発達の機序 —— 発達のコ
ンポーネントとリスク 風間書房

若本純子（2014）．高齢期における老化と適応 無藤隆・若本純子・小保方晶子，発達心理
学 —— 人の生涯を展望する（pp. 213-226） 培風館

若本純子・無藤隆（2006）．中高年期における主観的老いの経験 発達心理学研究, 17, 84-
93.

Whitbourne, S. K.（2002）．*The aging individual: Physical and psychological perspectives*
(2nd ed.). New York: Springer Publishing Company.

World Health Organization（2002）．WHO definition of palliative care. https://www.who.
int/cancer/palliative/definition/en/

大学生になると、課外活動を自主的に企画して、各自
のスキルや能力を育み、親睦を深める機会が増える。

14章

気になる子どもとは？
適応に困難さを感じる子どもの発達と教育

　本章では、障害や発達障害の定義を理解するとともに、知的発達障害、限局性学習障害、コミュニケーション障害、自閉症スペクトラム障害、注意欠如・多動性障害、発達性協調運動障害といったそれぞれの発達障害の特徴を理解する。また、「気になる子ども」の発達に影響を与える人的環境や物理的環境について理解し、「気になる子ども」の発達支援に必要な視点を身につける。

予習課題 「障害」の定義が過去から現在にかけてどのように変化しているのか、その理由についても調べてみましょう。

復習課題 保育所・幼稚園や小学校、中学校、高校では、子どもの行動特徴に合わせてどのような発達支援が行われているのか、調べてみましょう。

気になる子どもと発達障害

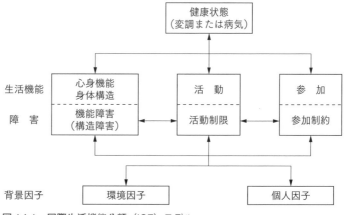

図 14-1　国際生活機能分類（ICF）モデル (本郷, 2009)

1 障害の定義

　「障害」の概念については、世界保健機関（WHO）の定義が参考になる。世界保健機関は 1980 年に障害を「機能障害」「能力障害」「社会的不利」という３つのレベルから捉えた**国際障害分類（ICIDH）**を発表した。2001 年には国際障害分類の改訂版として**国際生活機能分類（ICF）**が採択され、障害の有無にかかわらずすべての人の健康状態を捉えるためのモデルが提案された。このモデルでは人の生活機能を、身体の動きや内臓の働きといった「心身機能・身体構造」、日常動作や労働活動・余暇活動といった社会生活を営む上で必要な「活動」、家事・育児や仕事といったさまざまな役割を果たして家庭や社会に参加する「参加」、という３つのレベルに分けている。また障害を「機能障害・構造障害」「活動制限」「参加制約」のように各レベルで生じた困難さや制限としている。さらに背景因子として、生活環境などの物理的環境・家族などの人的環境・福祉サービスなどの制度的環境といった「環境因子」と、年齢・性別・価値観といった「個人因子」の２つを設定し、３つの生活機能と２つの背景要因は相互に影響し合うものとしている。

国際障害分類（ICIDH）：正式名称は「機能障害・能力障害・社会的不利の国際分類（International Classification of Impairments, Disabilities and Handicaps）」。

国際生活機能分類（ICF）：正式名称は「生活機能・障害・健康の国際分類（International Classification of Functioning, Disability and Health）」。

表14-1 発達にかかわる障害の名称の比較

ICD-11 新病名案 （日本精神神経学会，2018）	ICD-10 （WHO, 2007）	DSM-5 （APA, 2014）
1 神経発達症群		
1.1 知的発達症	F7 知的障害	知的発達障害
1.2 発達性発話または言語症群	F8 心理的発達の障害	
	F80 会話および言語の特異的発達障害	コミュニケーション障害
1.4 発達性学習症	F81 学力の特異的発達障害	限局性学習障害
1.5 発達性協調運動障害	F82 運動機能の特異的発達障害	発達性協調運動障害
	F83 混合性特異的発達障害	
1.3 自閉スペクトラム症	F84 広汎性発達障害	自閉症スペクトラム障害
	など	
	F9 小児期および青年期に通常発症する行動および情緒の障害	
1.7 注意欠如多動症	F90 多動性障害	注意欠如・多動性障害
	F91 行為障害	
	F92 行為および情緒の混合性障害	
1.6 一次性チックまたはチック症候群	F95 チック障害	チック障害群
	など	

❷「気になる子ども」と発達障害の定義

　「気になる子ども」とは、保育・教育場面への適応に困難さを感じている子どものことであり、顕著な知的な遅れはない、自己の行動や情動を調整するのが難しい、友人との間でトラブルを起こしやすい、などの行動特徴が見られるという（本郷，2019）。また、気になる子どもの中には発達障害と診断される子どももいる。発達障害とは、日本の法律で発達障害者支援法（2005年施行、2016年最終改正）などに定義されており、脳の機能障害が原因で低年齢の頃に発症し、WHO の**国際疾病分類**（ICD-10）に記載のある言語・学習・運動の発達にかかわる障害や、行動・情緒の障害などとされている。また、米国精神医学会が作成した診断基準（DSM-5）では、発達にかかわる障害として知的発達障害、限局性学習障害、コミュニケーション障害、自閉症スペクトラム障害、注意欠如・多動性障害、発達性協調運動障害などが記載されている。このように、法律上の定義と診断基準の記載とは必ずしも一致していないことから、単に診断名から子どもを判断するのではなく、日常の一人ひとりの子どもの姿から子どもを理解することが重要である。

国際疾病分類（ICD-10）：正式名称は「疾病及び関連保健問題の国際統計分類 第10改訂版（International Statistical Classification of Diseases and Related Health Problems, 10th Edition）」。2018年に第11改訂版（ICD-11）が公表されている。

DSM-5：正式名称は「精神疾患の診断・統計マニュアル 第5版（Diagnostic and Statistical Manual of Mental Disorders, 5th Edition）」。

2

学ぶことにかかわる障害

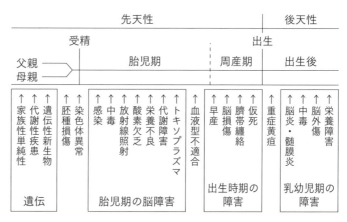

図14-2　知的発達障害の原因と時期 (渡邉, 2012)

◼ 知的発達障害

　知的発達障害とは、出生以前の胎児期、出生時、出生後の発達期に見られる障害で、その原因は遺伝子の組み合わせによるもの、脳の機能障害によるもの、何らかの疾患によるものなどさまざまにあるが、原因が特定できない場合が多い。DSM-5 によると、筋道を立てて考える、問題を解決する、知識や経験から学習する、といった認知や言語にかかわる知的機能の発達の遅れにより、他者とのコミュニケーションや日常生活・学校生活などへの適応が難しい状態とされる。知的発達障害の子どもの特徴としては、発達の順序は他児と変わらないが、発達のスピードはゆっくりであり、歩く・走るなどの粗大運動、手指の動きや道具の使用などの微細運動、ことばの理解や表出、情動のコントロールや生活習慣の獲得など、さまざまな領域で発達の遅れが見られる。知的発達障害は、乳幼児期に親や保育所や幼稚園の保育者が養育していて気がつく場合や、**乳幼児健康診査**などで早期に発見されることが多く、比較的早い時期に支援の流れに乗ることができ、子どもの発達が促される場合が多い。また軽度の場合は特に障害に気がつかずに社会生活を送る場合もある。

乳幼児健康診査：日本では自治体で乳幼児を対象に3〜4ヵ月児検診、1歳6ヵ月児検診、3歳児検診などが実施されており、支援の必要な子どもの把握や支援につなげられている。

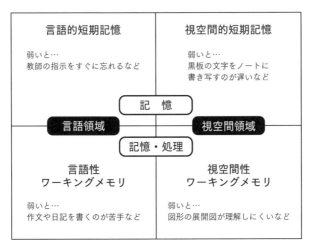

図14-3　ワーキングメモリ4つの側面 (湯澤・湯澤, 2017)

2 限局性学習障害

　限局性学習障害とは、DSM-5によると、読む（読字の正確さや流暢さ、読解力など）、書く（漢字の綴りの正確さ、句読点などのルールの理解、文章の構成力など）、話す（わかりやすく流暢に話すなど）、聞く（他者の指示を理解するなど）、計算（数字の理解、四則計算の正確さなど）、推論（数学的推論の正確さ）といった6つの能力のうち、1つ以上の学習や学びのスキルの習得や使用が難しい状態であり、他の障害や教育的指導の不十分さでは説明できないとされる。学習の困難さは学齢期に学習活動（教科書を読む、ノートを取るなど）を通して明らかになることもあれば、高学年に時間内に試験問題に答える、期限までにレポートを仕上げるなどのより高度な活動を通して明らかになることもある。学習の困難さの原因はさまざまに考えられているが、近年6つの能力の困難さに共通する要因としてワーキングメモリの4つの側面（**言語的短期記憶と言語性ワーキングメモリ、視空間的短期記憶と視空間性ワーキングメモリ**）の関与が指摘されており、どの側面が弱いかによって支援の内容を考える必要がある（湯澤・湯澤, 2017）。

言語的短期記憶と言語性ワーキングメモリ：前者はことばや数などの音声情報の記憶、後者は音声情報の処理と保持にかかわる。

視空間的短期記憶と視空間性ワーキングメモリ：前者は形や位置などの視空間情報の記憶、後者は視空間情報の処理や保持にかかわる。

3 他者とのコミュニケーションにかかわる障害

表14-2 子どものコミュニケーション障害 (大森ら, 2018)

関連要因	発達の側面	言語・コミュニケーション障害の種類
生理学的要因 (言語情報の入力)	・聴覚機能	・聴覚障害に伴う言語発達障害
言語学的要因 (言語情報の中枢 処理)	・社会性（対人関係） ・認知機能 ・言語の関わる高次脳機能	・自閉症スペクトラム障害に伴う言語発達 障害 ・知的能力障害に伴う言語発達障害 ・特異的言語発達障害 ・学習障害、発達性ディスレクシア（発達 性読み書き障害）
生理学的要因 (言語情報の出力)	・発生発語器官の運動機能	・脳性麻痺に伴う言語発達障害 ・運動障害性構音障害 ・器質性構音障害 ・機能性構音障害 ・吃音
後天性の要因		・後天性言語障害 ・高次脳機能障害

■1 コミュニケーション障害

　コミュニケーション障害とは幼児期初期から見られる障害であり、DSM-5によると、言語障害、**構音障害**、吃音、社会的コミュニケーション障害の4つに分けられる。言語障害は、語彙や文法などの理解と産出にかかわる障害であり、同年代の子どもに比べて語彙数が少ない、文章が短い、順序立てて述べることが難しいなどのことばの発達の遅れとして確認される。構音障害は発声・発音・発語の産出の困難さにかかわる障害であり、発音のゆがみや不明瞭さなどの状態である。吃音は発話の流暢性にかかわる障害であり、音声の繰り返しや単語が途切れる、身体的緊張を伴うなどの状態である。社会的コミュニケーション障害は場面や文脈に合わせて言語的・非言語的コミュニケーションを行うことの難しさにかかわる障害であり、会話ルールの逸脱、あいまいな言葉の意味を理解することの難しさなどの状態である。これらの障害は、原因が他の障害では説明できないものと、聴覚障害、口腔器官の形態や機能の障害、知的発達障害・限局性学習障害・自閉症スペクトラム障害などの神経発達障害によるものとに分類される。

構音障害：構音とは音声をつくり出すことであり、他の障害では説明できない機能性構音障害と、口腔の形態的な問題による器質性構音障害、運動の問題による運動障害性構音障害に分けられる。DSM-5日本語版では「語音障害」と記載されているが、本書では「構音障害」に統一した。

表 14-3　声かけの具体例 (大石, 2013)

×望ましくない声かけ	○望ましい声かけ
「開けっぱなしにするな」	「ドアを閉めてください」
「走るな」	「廊下は歩きましょう」
「ここをきれいにしてね」	「机を雑巾で拭いてください」
「ちゃんと片付けて」	「机の上にあるものを全部、カバンに入れてください」
「今日は、誰とどんな遊びをしていたの」	「今日、A 君と砂遊びをしていたの」
「そこに座って」	「窓側の白い椅子に座りましょう」
「左側は歩いてはだめ」	「B さん、道の右側を歩きましょう」

② 自閉症スペクトラム障害

　自閉症スペクトラム障害は、脳の機能障害に原因があると考えられている。DSM-5 によると、社会的コミュニケーションと対人相互交渉の障害であるため、乳幼児には言語の遅れが見られ、視線が合わない、**共同注意**が見られないなどが観察される例が多い。視線・身振り・表情などの非言語的コミュニケーションの理解や表出ができないなどの特徴も見られる。また興味が限定的で反復的な行動が目立ち、単調な行動を繰り返す、同じ習慣へのこだわりがある、柔軟さに欠け環境変化を嫌がる、1 つのものに没頭する、音や光といった感覚刺激への過敏さや鈍感さを持つなどの特徴も見られる。さらに部分的な刺激の影響を強く受けるという特徴も見られる。たとえば、指示を行う際に、定型発達の子どもは会話の文脈や状況の中から指示内容に関連のある情報を取捨選択し指示内容を理解するが、自閉症スペクトラム障害の子どもは指示内容に直接関係しない刺激情報なども考慮してしまう。そのため、学習場面などで指示を行う際は、具体的で簡潔な指示を行うといった工夫や（表14-3）、必要のない刺激を減らすなどの環境調整を行う工夫が効果的である。

自閉症スペクトラム障害：英語表記は Autism Spectrum Disorder。スペクトラムとは「連続体」であり、障害の程度が重度から軽度まで幅広いことを意味している。

共同注意：自分が興味あるものに視線を向けて指差しを行い他者の注意を向けさせる「始発的共同注意」、他者の注意の方向や対象に自分の注意を向ける「応答的共同注意」の 2 つがある。

表14-4 「気になる」子どもの行動チェックリストの一部 （本郷, 2010 を一部改変）

a. 保育者との関係でみられる様子					
[1＝まったく気にならない、2＝ほとんど気にならない、3＝すこし気になる、4＝気になる、5＝たいへん気になる]					
No.	気になる行動特徴	1	2	3	4	5
1	「バカヤロー」などの言葉を言う					
2	自分が行った行動を認めようとせず、言い訳をする					
3	他のことが気になって、保育者の話を最後まで聞けない					
4	「待ってて」などの指示に従わない					
5	一度主張し始めるとなかなか自分の考えを変えない					
6	保育者の話を遮って自分の考えを突然述べようとする					
7	話している途中で別の話題に移ってしまう					
8	保育者が注意を向けていないときに、唐突に働きかける					
9	保育者に身体接触を求める					
10	保育者に対して、反抗したり、抵抗したりする					
11	「止めなさい」などの否定的な言葉に過剰に反応する					
12	注意されると保育者を叩いたり蹴ったりする					
	小計（それぞれの○の数）	ｱ	ｲ	ｳ	ｴ	ｵ
合計得点（ｱ　）×1＋（ｲ　）×2＋（ｳ　）×3＋（ｴ　）×4＋（ｵ　）×5＝						ｶ
平均得点（ｶ　）÷12＝						

■1 注意欠如・多動性障害

注意欠如・多動性障害： 英語表記は Attention-Deficit/Hyper-activity Disorder。

　　注意欠如・多動性障害（ADHD）とは、他の子どもに比べて不注意性、多動性、衝動性などが12歳より前から継続して見られる障害である。DSM-5 によると、不注意とは注意が続かないために、課題や遊びが続かない、指示に従えずに脱線してしまう、時間の管理が難しく用事などを忘れてしまう、必要な物をなくしてしまうといった行動が見られることとされる。多動性・衝動性とは落ち着きがなく行動のコントロールが難しいために、着席が求められる場面で席を離れる、不適切な場面で走り回る、静かに作業ができない、相手の話を遮って話し続ける、他者の行動を妨害するといった行動が見られることとされる。

環境調整： 障害のある子どもの問題行動の背景には、子どもを取り巻く環境の要因が影響していることがある。そこで環境を見直し、子どもに快適な環境を設定する必要がある。

　　この障害は脳の機能障害に原因があると考えられており、幼児期に発症するが、就学前期から児童期に周りの子どもが落ち着くことで症状が顕在化し、保育士や教員から気になる子として認識されることが多い。そこでどのような場面（他児との関係、集団場面など）で、どのような行動（対人トラブル、落ち着きのなさなど）が気になるのかを行動チェックリストなど（表14-4）を活用して明らかにし、子どもの特徴に応じた**環境調整**などを行うことが必要である（本郷, 2010）。

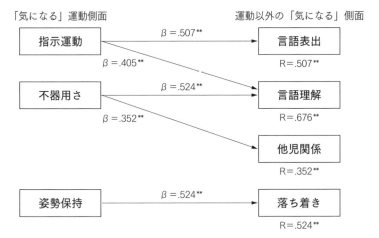

「気になる」運動側面　　　　　　　　　　　　　運動以外の「気になる」側面

図14-4　「気になる」運動側面から見た他の「気になる」側面との関連（澤江, 2009 を改変）

2 発達性協調運動障害

　運動を行うには、動きをイメージし、動作と順番を意図し、協調運動により動作を実行し、運動目的を達成したかを確認するといった運動プランニングが必要である。協調運動とは視知覚（見えの認知や効率的な目の筋肉の動き）や触覚、固有受容性感覚（身体の位置と動きについての意識を形づくる働き）、前庭感覚（重力と動きに関する情報を脳に提供する働き）といった感覚により体の位置や動きを調整したり、動きに合わせてバランスを維持したり、左右を認知して両手をうまく働かせたりする脳のはたらきのことである。**発達性協調運動障害**とは、この運動プランニングと協調運動に発達の遅れが見られる障害のため、動きがなめらかでない・片足立ちができないなどの運動の不器用さや、はさみを上手に使えない・靴紐が結べないなどの運動技能の獲得や遂行の困難さが特徴となる。保育士や教員から気になる子として認識される背景には、このような運動の問題が潜在していることが多い。そこで運動にかかわるどの能力の困難さなのかを明らかにし、子どもの特徴に応じたトレーニングや環境調整を行うことが必要である（澤江, 2009）。

発達性協調運動障害：英語表記は Developmental Coordination Disorder（DCD）。

気になる子どもを取り巻く問題

子どもを知るためのワーク

　怒りの感情はだれでもが持っているもので、それ自体はわるいわけではありません。「怒りんぼう」は、エネルギッシュで正義感が強い子が多いものです。問題なのは、周りから「いやだ」「迷惑だ」と思われるような方法で怒りを解消することです。

1. あなたは、どんなときに、イライラしたり怒ったりしますか？

2. イライラしたり怒ったりするとどうなりますか？　あてはまるものに○をつけましょう。どれにもあてはまらないときは、（　　　）の中に書きこみましょう。
   （顔に力が入る）（体があつくなる）（あせをかく）（手足がふるえる）（ドキドキする）
   （おなかが痛くなる）（体のどこかが動いてしまう）（大きな声を出す）
   （だれかをたたく）（　　　　　　　　　　　　）

3. そのことによって、これまでにどんな困ったことがありましたか？

4. どうしたらイライラをコントロールできると思いますか？

図14-5　ソーシャルスキルトレーニングの例 (渡辺・木村, 2019)

■ 二次障害を防ぐ

　二次障害とは、発達障害による困難さに対して周囲から理解や共感が得られない、適切な支援を得られないなどによる怒り・葛藤・不安感・孤独感によって、何らかの精神障害を発症する状態をいう。二次障害には怒りや葛藤を他者に向けて表現する反抗挑戦性障害や行為障害などの外在化障害と、不安感や孤独感により気分障害、強迫性障害などを発症する内在化障害とに分けられる。たとえば、注意欠如・多動性障害は、その行動特徴によって児童期に養育者から頻繁に注意される、他児からひやかされるなど、周囲からネガティブな評価を受けることが多い。そのため、自己評価が低下することで反抗挑戦性障害やうつ病などの二次障害につながることもある。このような二次障害を防ぐために、子どもへの支援として**認知行動療法**によりネガティブな思考を修正する、ソーシャルスキルトレーニングにより社会適応を改善し他児とのトラブルを減らすなどの工夫が重要である。また、人的な環境調整として養育者の**ペアレントトレーニング**を行うことで、子どもだけでなく養育者も子育てに自信を持つことができるようになる。

認知行動療法：子どもの好ましい行動に対して報酬を与え、問題行動に対して報酬を与えないなどの方法により、好ましい行動を増加させ問題行動を軽減させる療法の一つ。

ペアレントトレーニング：親が子どもの発達や子どもとのかかわり方を理解することで、子どもに適切な支援を行えるようにするトレーニング方法。

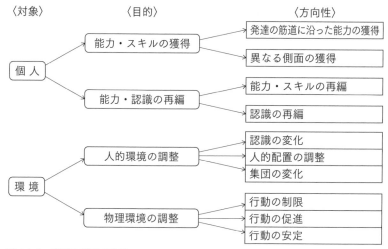

〈対象〉　　　　　〈目的〉　　　　　　　　〈方向性〉

図14-6　発達支援の方向性 (本郷, 2019)

② 気になる子どもが感じる困難さに寄り添う

　気になる子どもの行動特徴は、気になる子ども自身の発達的な行動特徴だけでなく、周囲の子どもの発達との関係から理解されることが多い。たとえば、3歳頃には他児も落ち着きがないため気にならないが、4歳以降になると他児が「椅子に座って静かに待つ」などの習慣的知識を理解し落ち着くことで、気になる子どもの逸脱行動がより顕在化する。周囲の子どもも、習慣的知識を獲得することで他児の逸脱行為を注意するようになるなど**人的環境**が変わるため、子ども同士のトラブルが増加し、子どもが困難さを感じるようになる。また、子どもを取り巻く環境の変化が、逸脱行動といった問題行動や困難さの背景にある場合がある。たとえば、就学すると静かに指示を聞く、他児と同じ行動を行う、時間内に行動することが求められ、**物理的環境**も変わることから逸脱行動が顕著になり、他児と同じ課題にうまく取り組めないことから子ども自身も困難さを感じる場面が増える。このように、気になる子どもの行動特性や困難さを捉えるためには、他児との関係性といった人的環境や、授業内容といった物理的環境の要因の影響も考える必要がある (本郷, 2019)。

人的環境：子どもを取り巻く環境の中でも、人にかかわるもの。親、家族、友人、保育士や教員など。

物理的環境：子どもを取り巻く環境の中でも、光、音などの刺激や教室内の掲示物などといった物にかかわるもの。

気になる子どもへの支援

表 14-5　インクルーシブ教育システム構築前後の動き （国立特別支援教育総合研究所, 2015 より作成）

2001 年 1 月	「21 世紀の特殊教育の在り方に関する調査研究協力者会議（最終報告）」	教育的ニーズに応じた教育的支援への転換
2001 年 5 月	世界保健機関（WHO）が国際生活機能分類（ICF）採択	すべての人の健康状態を捉える新しいモデル
2004 年 12 月	「発達障害者支援法」（2004 年 12 月成立・公布、2005 年 4 月施行）	障害特性に対応した医療的・福祉的・教育的支援
2006 年 6 月	「学校教育法等の一部を改正する法律」（2006 年 6 月成立・公布、2007 年 4 月施行）	一人ひとりのニーズに応じた支援を行う特別支援教育
2006 年 12 月	国連総会で「障害者の権利に関する条約（障害者権利条約）」採択	
2007 年 9 月	日本が「障害者の権利に関する条約」に署名（2007 年 9 月条約に署名、2008 年 5 月条約の発効、2014 年に批准）	国内の法制度を整備を進める
2011 年 7 月	「障害者基本法の一部を改正する法律」（2011 年 7 月成立、8 月公布・一部施行）	障害定義の見直し、障害を理由とする差別の禁止
2012 年 7 月	「共生社会の形成に向けたインクルーシブ教育システム構築のための特別支援教育の推進（報告）」	インクルーシブ教育システム構築
2013 年 6 月	「障害を理由とする差別の解消の推進に関する法律」（2013 年 6 月成立・公布、2016 年 4 月施行）「障害者の雇用の促進等に関する法律の一部を改正する法律」（2013 年 6 月成立・公布、2016 年一部施行、2018 年施行）	雇用における障害者の差別の禁止、合理的配慮の提供
2016 年 5 月	発達障害者支援法の一部改正（2016 年 6 月公布、2016 年 8 月施行）	発達障害の早期発見早期療育、切れ目のない支援、社会的障壁の除去

❶ インクルーシブ教育システムと合理的配慮

障害者の権利に関する条約： 日本は 2007 年 9 月条約に署名、2013 年 11 月衆議院本会議で条約の締結が承認、2014 年批准となった。

　2006 年に国連総会で「**障害者の権利に関する条約**」が採択されると、日本は 2007（平成 19）年に同条約に署名し、2014 年の批准に向けて国内の法制度を整備することとなった。この流れの中で、2012 年に中央教育審議会初等中等教育分科会に「**共生社会の形成に向けたインクルーシブ教育システム構築のための特別支援教育の推進（報告）**」がまとめられ、報告の中でインクルーシブ教育システム構築に向けた考え方が述べられた。インクルーシブ教育システムとは、すべての子どもが共に学ぶ仕組みであり、具体的には障害児・者が一般的な教育制度から排除されず、自分の生活する地域で初等・中等教育の機会が得られ、障害に応じて必要な合理的配慮が提供されることなどが盛り込まれている。また合理的配慮とは、障害のある子どもが学校教育を受ける場合に、状況に応じて個別に必要とされるもの（障害者の権利に関する条約第 2 条）とされている。合理的配慮はそのつど、子どもの発達の程度、社会的適応の状態、本人の感じる困難さなどに合わせて柔軟に見直していく必要がある。

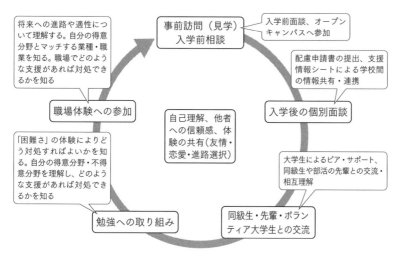

図14-7　学校での進学・就職支援の流れ（佐々木・梅永, 2012より作成）

2 進学・就職支援

　大学進学については、オープンキャンパスに参加して施設や講義形態を確認する、進学先の大学と入学前面談を行い希望する配慮内容を伝えておくなど、さまざまな支援が行われている。就職については、2013（平成25）年に「障害を理由とする差別の解消の推進に関する法律」「障害者の雇用の促進等に関する法律の一部を改正する法律」が成立し、雇用主が障害者を採用・賃金・昇進などの面で排除・差別することが禁じられた。また、障害者が能力を発揮して働くことができるよう、障害者の特性に配慮した施設の整備や支援を行うことが義務づけられた。たとえば、採用面接に雇用条件等を障害者に説明するために就労支援機関の職員が同席する、漢字を書くことが苦手な障害者にはPCでの履歴書作成を認めるなど、障害者の困り感に合わせてさまざまな支援が行われている。また、雇用主が求める人材・能力と、障害のある生徒の希望する仕事内容・本人の障害特性や能力との間にミスマッチが生じないよう、高校在学中に**インターンシップ**に参加する、採用時に**ジョブコーチ**（職場適応援助者）による支援を受けるなどの取り組みが行われている。

インターンシップ：生徒・学生が就職前に企業などで就業体験をすること。インターンシップに参加することで、実際の業務内容や職場環境などを確認することができる。

ジョブコーチ：障害者が職場に適応し仕事を行えるよう、障害者やその家族、雇用主を対象に支援を行う。最終的には、職場の上司や同僚による支援への移行を目指す。

■ 参考文献

American Psychiatric Association, 高橋三郎・大野裕（監訳）(2014). DSM-5 精神疾患の分類と診断の手引き　医学書院

藤井和枝 (2016). 知的障害の療育　尾崎康子・三宅篤子（編著）乳幼児期における発達障害の理解と支援② 知っておきたい発達障害の療育（第3章, pp. 151-176）ミネルヴァ書房

本郷一夫 (2009). 障害児保育の目指すもの　本郷一夫（編著）シードブック障害児保育（第Ⅰ部 第1章, pp. 1-13）建帛社

本郷一夫（編著）(2010). 「気になる」子どもの保育と保護者支援　建帛社

本郷一夫 (2017). 生涯にわたる発達をとらえる　山崎晃・藤崎春代（編著）講座・臨床発達心理学① 臨床発達心理学の基礎（第1章, pp. 1-24）ミネルヴァ書房

本郷一夫 (2019). 「気になる」子どもと発達障害　日本臨床矯正歯科医会雑誌, 30(2), 6-10.

国立特別支援教育総合研究所 (2015). 特別支援教育の基礎・基本［新訂版］ジアース教育新社, pp. 17-48.

Kurtz, Lisa A. (2008). *Understanding Motor Skills in Children with Dyspraxia, Adhd, Autism, and Other Learning Disabilities : A Guide to Improving Coordination.* Jessica Kingsley Publishers.（カーツ, L. A., 七木田敦・澤江幸則・増田貴人（監訳）泉流星（訳）(2012). 不器用さのある発達障害の子どもたち —— 運動スキル支援のためのガイドブック　東京書籍）

文部科学事務次官・厚生労働事務次官通知 (2017). 発達障害者支援法の施行について（平成17年4月1日, 17文科初第16号／厚生労働省発障第0401008号）

室橋春充 (2015). 学習障害（LD）梅谷忠勇・生川善雄・堅田明義（編著）特別支援児の心理学新版 —— 理解と支援（5章3節, pp. 71-78）北大路書房

日本精神神経学会 (2018). ICD-11新病名草案（2018年6月1日）https://www.jspn.or.jp/uploads/uploads/files/activity/ICD-11Beta_Name_of_Mental_Disorders%20List(tentative)20180601.pdf

野呂文行 (2017). 自閉スペクトラム症の心理とその支援　太田信夫（監修）柿澤敏文（編集）シリーズ 心理学と仕事15 障害者心理学（第6章, pp. 71-77）北大路書房

大石史博 (2013). 自閉症スペクトラム障害　中村義行・大石史博（編）障害臨床学ハンドブック（第2版, 第3章, pp. 27-46）ナカニシヤ出版

大森孝一・永井知代子・深浦順一・渡邉修（編著）(2018). 言語聴覚士テキスト［第3版］医歯薬出版

大伴潔 (2017). 言語障害の種類　岩立志津夫・小椋たみ子（編著）よくわかる言語発達［改訂新版］（第V章2, pp. 132-133）ミネルヴァ書房

尾崎康子（2016）．注意欠陥・多動性障害（ADHD）の療育・治療　尾崎康子・三宅篤子（編著）乳幼児期における発達障害の理解と支援②　知っておきたい発達障害の療育（第4章，pp. 177-188）　ミネルヴァ書房

齊藤万比古（編著）（2012）．発達障害が引き起こす二次障害へのケアとサポート　学研教育出版

佐々木正美・梅永雄二（2012）．こころライブラリーイラスト版　高校生の発達障害　講談社

澤江幸則（2009）．子どもの運動能力を育てる保育　本郷一夫（編）シードブック障害児保育（第6章，pp. 73-88）　建帛社

上田敏（2005）．ICF（国際生活機能分類）の理解と活用──人が「生きること」「生きることの困難（障害）」をどうとらえるか　きょうされん

梅永雄二（2010）．発達障害がある人の就労を取り巻く課題　梅永雄二（編著）仕事がしたい！　発達障害のある人の就労相談（第2章，pp. 35-48）　明石書店

渡邉貴裕（2012）．知的機能に関する制約と支援　橋本創一・菅野敦・林安紀子・大伴潔・小林巌・渡邉貴裕・霜田浩信・武田鉄郎・千賀愛・池田一成（編著）障害児者の理解と教育・支援──特別支援教育／障害者支援のガイド（改訂新版，第10章，pp. 83-90）金子書房

渡辺弥生（監修）木村愛子（編著）（2019）．イラスト版　子どもの感情力をアップする本──自己肯定感を高める気持ちマネジメント50　合同出版

World Health Organization（編）融道男・中根允文・小見山実・岡崎祐士・大久保善朗（監訳）（2007）．ICD-10　精神および行動の障害──臨床記述と診断ガイドライン　医学書院

湯澤正通・湯澤美紀（2017）．ワーキングメモリを生かす効果的な学習支援──学習困難な子どもの指導方法がわかる！　学研プラス

人名索引

事 項 索 引

編著者

渡辺　弥生（わたなべ　やよい）　法政大学文学部
西野　泰代（にしの　やすよ）　広島修道大学健康科学部

執筆者〈執筆順，（　）は執筆担当箇所〉

浜名　真以（はまな　まい）　（ 1 章）東京大学大学院教育学研究科附属発達保育実践
政策学センター

板倉　昭二（いたくら　しょうじ）　（ 2 章，コラム 発達と科学技術の光と影①）同志社大学赤ちゃ
ん学研究センター

渡邊　直美（わたなべ　なおみ）　（ 3 章）NTT コミュニケーション科学基礎研究所協創
情報研究部

溝川　藍（みぞかわ　あい）　（ 4 章）名古屋大学大学院教育発達科学研究科

渡辺　弥生（わたなべ　やよい）　（コラム 発達と科学技術の光と影②， 7 章）編著者

鈴木亜由美（すずき　あゆみ）　（ 5 章）広島修道大学健康科学部

伊藤　崇達（いとう　たかみち）　（ 6 章）九州大学大学院人間環境学研究院

芝﨑　美和（しばさき　みわ）　（コラム 発達と教育①）新見公立大学健康科学部

小野田亮介（おのだ　りょうすけ）　（ 8 章）山梨大学大学院総合研究部

原田恵理子（はらだ　えりこ）　（コラム 発達と教育②③）東京情報大学総合情報学部

島　義弘（しま　よしひろ）　（ 9 章）鹿児島大学学術研究院法文教育学域教育学系

西野　泰代（にしの　やすよ）　（10章）編著者

小倉　正義（おぐら　まさよし）　（11章）鳴門教育大学大学院学校教育研究科

相良　順子（さがら　じゅんこ）　（12章）聖徳大学教育学部

若本　純子（わかもと　じゅんこ）　（13章）山梨大学教育学部

小泉　嘉子（こいずみ　よしこ）　（14章）尚絅学院大学心理・教育学群心理学類

カバーイラスト　すがわらけいこ

本文イラスト（pp. 26, 110, 186, 187）　林　幸子

ひと目でわかる発達
誕生から高齢期までの生涯発達心理学

2020 年 4 月 5 日　初版第 1 刷発行
2024 年 1 月 20 日　　　第 3 刷発行

編著者　　渡辺弥生・西野泰代
発行者　　宮下基幸
発行所　　福村出版株式会社
〒 113-0034　東京都文京区湯島 2-14-11
電話　03-5812-9702　FAX　03-5812-9705
https://www.fukumura.co.jp
印刷・製本　中央精版印刷株式会社

福村出版◆好評図書

渡辺弥生・小泉令三 編著
ソーシャル・エモーショナル・ラーニング(SEL)
非認知能力を育てる教育フレームワーク
◎2,600円　　ISBN978-4-571-10198-4　C3037

子どもの感情と社会性を育む国際的教育活動「SEL」の概要・導入・アセスメント・日本の実践例を紹介。

山崎勝之 編著
日本の心理教育プログラム
●心の健康を守る学校教育の再生と未来
◎2,700円　　ISBN978-4-571-22061-6　C3011

子どもの心の健康と適応を守るための心理教育プログラム。学校での恒常的安定実施への壁とその突破口を探る。

藤田主一・齋藤雅英・宇部弘子 編著
新 発達と教育の心理学
◎2,200円　　ISBN978-4-571-22051-7　C3011

発達心理学，教育心理学を初めて学ぶ学生のための入門書。1996年初版『発達と教育の心理学』を全面刷新。

石井正子・向田久美子・坂上裕子 編著
新 乳幼児発達心理学〔第2版〕
●子どもがわかる 好きになる
◎2,300円　　ISBN978-4-571-23065-3　C3011

「子どもがわかる 好きになる」のコンセプトを継承し，最新の保育士養成課程や公認心理師カリキュラムに対応。

次良丸睦子・五十嵐一枝・相良順子・芳野道子・髙橋淳一郎 編著
現代の子どもをめぐる発達心理学と臨床
◎2,400円　　ISBN978-4-571-23064-0　C3011

乳児期・幼児期・児童期・青年期の子どもの発達の基本を解説。子どもをめぐる臨床的課題についても詳述。

日本青年心理学会 企画／若松養亮 責任編集／大野久・小塩真司・佐藤有耕・平石賢二・三好昭子・山田剛史 編集
心のなかはどうなっているの?
●高校生の「なぜ」に答える心理学
◎1,800円　　ISBN978-4-571-23066-0　C0011

高校生の日々の悩みの正体を解説しつつ，心理学の基本的な考え方や青年心理学の主な領域を系統的に紹介。

高木秀明 監修／安藤嘉奈子・小沢一仁・橋本和幸 編
挫折と向き合う心理学
●青年期の挫折を乗り越えるための心の作業とその支援
◎2,700円　　ISBN978-4-571-23061-5　C3011

不安定な青年期に待ち受ける「挫折」。青年が挫折と向き合う方法とその意味，支援のあり方を丁寧に論じる。

◎価格は本体価格です。